Unsere Musikinstrumente 1 Die Orgel

Friedrich Jakob

Die Orgel

Orgelbau und Orgelspiel von der Antike bis zur Gegenwart

Hallwag Verlag Bern und Stuttgart

Das Umschlagbild zeigt die Orgel in der ehemaligen Klosterkirche St. Katharinenthal bei Diessenhofen (Schweiz). Sie stammt aus den Jahren 1736–1741 und ist ein Werk des thurgauischen Orgelmachers Johann Jakob Bommer. Während das Gehäuse original erhalten ist, wurde das mehrfach veränderte Innere in den Jahren 1965–1969 restauriert und zum Teil rekonstruiert.

4., verbesserte Auflage, 1976

Gesamtherstellung Hallwag AG Bern
ISBN 3 444 10086 8

Ja dieses vielstimmige liebliche Werck begreifft alles das in sich / was etwa in der Music erdacht vnd componiret werden kan / vud gibt so einen rechten natürlichen klang / laut vnd thon von sich / nicht anders als ein gantzer Chor voller Musicanten, do mancherley Melodeyen / von junger Knaben vnd grosser Männer Stimmen gehöret werden. In summa die Orgel hat vnd begreifft alle andere Instrumenta musica, groß vnd klein / wie die Nahmen haben mögen / alleine in sich. Wiltu eine Trummel / Trummet / Posaun / Zincken / Blockflöt / Querpfeiffen / Pommern / Schalmeyen / Dolzian / Racketten / Sordounen / Krumphörner / Geigen / Leyern / ꝛc. hören / so kanstu dieses alles / vnd noch viel andere wunderliche liebligkeiten mehr in diesem künstlichem Werck haben: Also daß / wenn du dieses Instrument hast vnd hörest / du nicht anderst denckest / du habest vnd hörest die andern Instrumenta alle miteinander.

Aus Michael Praetorius «De Organographia» Wolfenbüttel 1619, S. 85

Einleitung

Die vorliegende Schrift möchte dreierlei Aufgaben erfüllen. Erstens soll sie eine Einführung sein und die Orgel all jenen vorstellen, welche sich noch nicht besonders mit ihr auseinandergesetzt haben, sich aber irgendwo einmal in ihren Bann schlagen liessen und daher nach weiterem Wissen verlangen. Zweitens soll sie aber auch dem Fachmann eine klare Gesamtschau vermitteln und ihm Anregungen zu weiteren Betrachtungen geben. Drittens soll sie eine Lücke schliessen in der Literatur für den Unterricht, sowohl für den Orgelschüler an der Musikschule wie auch für den Orgelbauerlehrling in der Fachschule.

Man könnte sich nun freilich fragen, ob eine solche Publikation überhaupt nötig sei, ob nicht bereits genug derlei Orgelschriften und Bildbände vorlägen. In der Tat: die 1955 von Orgelbaumeister de Graaf verfasste Bibliographie nennt bereits über 1200 Titel von Veröffentlichungen über Geschichte und Bau der Orgel, wobei die Werke über das Orgelspiel nicht einmal mit einbezogen wurden. Hierzu wäre zu bemerken, dass sich ein Grossteil dieser Bücher mit zeitlich oder örtlich beschränkten Themata befasst, über einzelne Orgelwerke, über den Orgelbau bestimmter Landschaften oder Zeitabschnitte oder über die Tätigkeit bestimmter Orgelbauer. Der so eingeschränkte Schriftenkreis, der sich allgemein mit dem Orgelbau und Orgelspiel von den Anfängen bis zur Gegenwart befasst, leidet aber an zwei Krankheiten: einerseits an einer allzu positivistisch gefärbten Darstellungsweise des «Immer besser» von primitiven Anfängen in der Antike und im dunkeln Mittelalter bis hinauf zum heute glücklich erreichten Höchststand (freilich mit einigen «dekadenten» Unterbrüchen in der stetigen Aufwärtslinie), andererseits an einer ungerechtfertigten Überbewertung des barocken 17. und 18. Jahrhunderts. Zudem war ja der Barock allgemein kunstgeschichtlich betrachtet – wollte man es bösartig formulieren – weitgehend eine provinzielle Angelegenheit Deutschlands. Dass es sich im Bereiche der Kunst und des Kunstgewerbes nie um ein «Immer besser», sondern nur um ein «Immer anders» handeln kann, sollte längst allgemeine Erkenntnis sein. Hier zeigt sich aber, wie zäh überholte Anschauungsweisen sich zu halten vermögen. Die römische Freiluftorgel des 3. Jahrhunderts nach Christus war ein vollkommenes Instrument: Keine Orgel der späteren Jahrhunderte hätte ihre Funktionen beim Gladiatorenkampf besser erfüllen können. Kein Orgelspiel späterer Zeiten hätte die Gläubigen in grössere Festtagsstimmung versetzen können als die Töne einer nur acht Tasten umfassenden Orgel im 11. Jahrhundert. Frescobaldi klingt nirgends besser als auf einer altitalienischen Renaissanceorgel. Dies gilt ebenso für Buxtehude und die norddeutsche Barockorgel, für Reger und die «romantische» Orgel von 1900. Von einer stetigen «Aufwärtsentwicklung» kann da keine Rede sein, nur von einer stetigen «Wandlung». Jede Zeit schuf sich die Instrumente, die sie für die Wiedergabe ihrer Musik brauchte. Wohl unterscheiden wir Epochen grösserer Entwicklungsintensität und solche grösserer Ruhezeiten, Höhepunkte und Übergangszeiten. Gerade diese letzteren sind aber nicht minder interessant oder minderer Qualität als die Blütezeiten eines «reinen» Stiles.

Das bisher Gesagte gilt vor allem für die künstlerische Gesamterscheinung der Orgel. Selbst wenn wir aber die rein technische Entwicklung des Instrumentes betrachten, müssen wir feststellen, dass die bisherige Literatur dem Instrument der Barockzeit ein ungerechtfertigtes Gewicht beimisst. Fragen wir nach den Beiträgen der Barockzeit zum Windladenbau, zur Traktur und zur Registratur, so müssen wir bei objektiver Prüfung verblüfft gestehen, dass sie an sehr bescheidenem Ort Platz haben. Die Leistungen des Spätmittelalters von 1300 bis 1550 sind hierin ungleich viel grösser. Dasselbe gilt sogar für den Klangkörper: um 1600 sind alle «barocken» Pfeifentypen bereits vorhanden. Der Beitrag des Barocks beschränkt sich im wesentlichen auf die Zugabe der Streicherstimmen, eine Entwicklung, welche man meist der Romantik des 19. Jahrhunderts anzukreiden pflegt. Es geht mir nun beileibe nicht um eine Herabminderung der Leistungen vielgerühmter Meister von Scherer über Schnitger bis zu Silbermann, deren Werke ich restlos bewundere. Meine Absicht ist vielmehr eine *Objektivierung* der Orgelgeschichte. Wenn wir also annehmen müssen, jede Epoche der Geschichte (auch jene der «Dekadenz») verdiene gleichermassen unsere Aufmerksamkeit, so stellt sich die Forderung, jeder Epoche gewissermassen auch dieselbe Anzahl Seiten zu widmen, wobei dies freilich nicht mit pedantischer Genauigkeit möglich ist. Der Orgelfreund möge deshalb verzeihen, wenn frühere Epochen seiner Meinung nach unerlaubt viel Platz einnehmen, hingegen ihm bereits bekannte und liebevoll verehrte Zeiten und Meister vergleichsweise schäbig kurz zu Worte kommen. Die Anregung zu solcher Darstellungsweise verdanke ich Jacques Handschin und seiner ähnlich gestalteten «Musikgeschichte».

Zum Inhalt und der Darstellungsweise sind noch einige Punkte zu bemerken. Alle Angaben beruhen auf den neuesten Forschungsergebnissen. Da die Schrift trotz wissenschaftlicher Stichfestigkeit aber nicht als wissenschaftliches Werk im engeren Sinne gelten soll, sondern als allgemein verständliche Einführung und Übersicht, wurde auf den sonst üblichen kritischen Apparat und die Quellennachweise verzichtet. Ein kleines Literaturverzeichnis mit Werken über die wichtigsten hier gestreiften Gebiete zeigt dem Leser aber, wo er zusätzliche Auskünfte aus erster Hand erhalten kann. Alle Jahreszahlen ohne Zusatz sind *nach* Christus, Zahlen *vor* Christi Geburt ausdrücklich mit dem Zusatz «v. Chr.» versehen. Daten von Herrschern und Kirchenfürsten geben oft nicht deren Lebensdaten, sondern jene ihrer Amtsdauer an. Für die Erklärung der wichtigsten Fachausdrücke verweise ich auf die Erläuterungen im technischen Teil unserer Schrift. Geographisch beschränkt sich unsere Darstellung auf Europa und den Mittelmeerraum. Der frühe Orgelbau in Asien und Übersee ist noch wenig erforscht. Da er aber grösstenteils ein Importgut der jeweiligen Kolonisatoren darstellt, dürfte er kaum wesentlich neue Gesichtspunkte beitragen. Orgelbau und Orgelspiel waren bis zum Beginn der Neuzeit beinahe ausschliesslich eine Angelegenheit der Alten Welt und ihrer griechisch-römisch-christlichen Kultur. In Klammern gesetzte Zahlen verweisen auf entsprechende Abbildungen.

Name und Umschreibung des Instrumentes

Die verschiedenen Namen der Orgel

Das deutsche Wort «Orgel» stammt vom griechischen Begriff ὄργανον (organon) ab, welcher allgemein «Werkzeug» oder «Instrument» bedeutet, im musikalischen Bereich also die Bedeutung von «Tonwerkzeug» oder «Musikinstrument» erhält. Der Begriff ist somit völlig neutral und ohne bestimmten Bezug auf unser spezielles Instrument. Viele falsche Angaben aus der Frühgeschichte der Orgel haben hier ihre Wurzel. Das Wort «organon» (oder lateinisch «organum») in irgendeinem antiken Text beweist also keineswegs das Vorhandensein einer Orgel. Zudem hiessen die ersten Orgeln stets «organa hydraulica», und wenn schon ein Teil dieser vollständigen Bezeichnung wegfiel, so war es stets die nichtssagende erste Hälfte. «Hydraulis» oder «hydra» waren die üblichen antiken Bezeichnungen unseres Instrumentes. Erst seit dem 4. Jahrhundert *kann* die latinisierte Bezeichnung «organa» Orgel bedeuten, sie *muss* es aber nicht. Noch im Hochmittelalter kann «organa» eine bestimmte Art mehrstimmiger Kirchenmusik bedeuten, ja selbst Gottesdienste mit derartiger Musik können so heissen. Beim Lesen alter Texte ist also beim Auftauchen dieses Wortes grosse Vorsicht geboten. Ebenso unklar ist die Bedeutung der Einzahl (organum) und der Mehrzahl (organa), da auch die Mehrzahl häufig für ein einzelnes Instrument gebraucht wird. Diese Doppeldeutigkeit hat sich übrigens im Französischen bis auf den heutigen Tag erhalten: «un orgue» und «les orgues» werden gleichbedeutend für eine einzelne Orgel verwendet. Der Austausch der Konsonanten n und l erfolgt erst im Spätmittelalter: Noch in vulgärsprachlichen Texten des 15. Jahrhunderts stehen die beiden Formen «organen» und «orgelen» gleichwertig nebeneinander.

Neben diesen sachlichen, eher kalt-abstrakten Namen führt unser Instrument aber noch eine Reihe blumig-poetischer Zunamen aller Schattierungen. Lobpreisend wird die Orgel «Königin der Instrumente» genannt, eine Bezeichnung, welche sich bis ins Mittelalter zu Guillaume de Machault (um 1300–1377) zurückverfolgen lässt. Der Ausdruck «ancilla Domini», «des Herrn Magd», umschreibt ihre dienende Funktion im christlichen Gottesdienst. Als «Teufels Trommeten» oder «Teufels Sackpfeifen» empfanden sie reformatorische Eiferer, welche den Pomp spätmittelalterlicher Gottesdienste bekämpften und sich für eine reine Wortverkündigung einsetzten. So lassen bereits die Namen der Orgel etwas von den verschiedenartigen Geschicken ahnen, welche diesem Instrument – wie keinem anderen sonst – im Verlaufe seiner über zweitausendjährigen Geschichte beschieden waren.

Definition der Orgel

Versucht man möglichst knapp zu umschreiben, was wir unter «Orgel» verstehen, so läuft man stets Gefahr, allzu enge Grenzen zu ziehen. Sprechen wir beispielsweise vom «wichtigsten liturgischen Musikinstrument

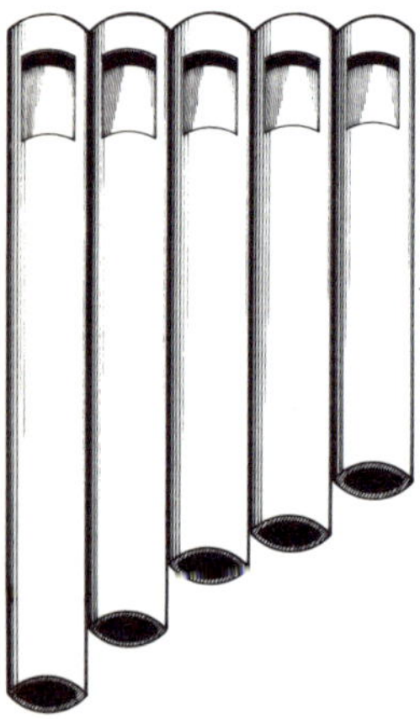

1 *Die Panflöte (syrinx) diente als Vorbild für den klingenden Teil der Orgel: die Pfeifenreihen*

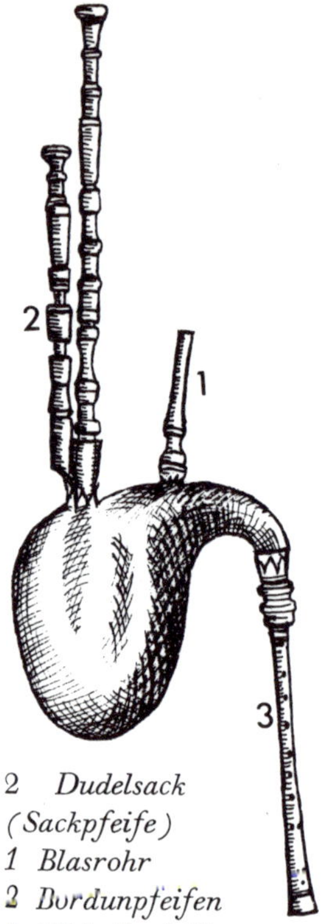

2 *Dudelsack (Sackpfeife)*
1 Blasrohr
2 Bordunpfeifen
3 Melodiepfeife mit Grifflöchern

der christlichen Kirche», so vergessen wir nicht nur, dass die Orgel aus vorchristlicher Zeit stammt, sondern auch, dass die christlichen Ostkirchen die Orgel nie gekannt haben. Und wo fände in dieser knappen Umschreibung die kleine Hausorgel einer Bauernstube, die grosse Kinoorgel der Stummfilmzeit Platz? Am besten und umfassendsten ist nach wie vor die musikwissenschaftliche, rein instrumentenkundliche Definition von Curt Sachs (1919): «Die Orgel ist ein Aerophon (Lufttöner) aus skalamässig gestimmten Eintonpfeifen, die durch ein Gebläse gespeist und durch Klaviaturen eingeschaltet werden.» Diese Umschreibung umfasst mit der Aufzählung von *Pfeifen*, *Gebläse* und *Klaviatur* alle unabdingbaren Punkte. Es versteht sich dabei von selbst, dass diese drei Hauptelemente in einem sinnvollen Zusammenbau stehen müssen. Als eigentliches Herzstück dieses Zusammenbaues hat die sogenannte *Windlade* zu gelten, die Windverteilungsanlage des Instrumentes. Auf ihr steht das Pfeifenwerk, zu ihr führen die Windkanäle des Gebläses und die Bewegungsimpulse der Klaviaturen.

Mit dieser Definition ist die Orgel aber zugleich auch sauber abgesetzt von typologischen Vorläufern und von gewissen Erzeugnissen neuerer Zeit, die sich des Namens der Orgel bedienen. Die antike Panflöte (syrinx) zum Beispiel besteht aus einer gewissen Zahl zusammengebundener, skalamässig gestimmter Eintonpfeifen. Obwohl sie offensichtlich als Vorbild für den klingenden Teil der Orgel, die Pfeifenreihen, gedient hat, kann sie nicht als Orgel gelten, da sie weder Gebläse noch Klaviatur besitzt (1). Der Dudelsack (Sackpfeife) besitzt wohl ein Windmagazin, also eine Art Gebläse, sowie eine Melodie- und zwei bis drei Bordunpfeifen, aber keine Klaviatur (2). Die Handharmonika (Akkordeon), auch «Handorgel» genannt, ist eine Erfindung des 19. Jahrhunderts. Sie besitzt wohl ein Gebläse und Tastaturen, aber – wie auch das Harmonium – keine Pfeifen, sondern ausschliesslich frei schwingende Metallzungen für die Tonerzeugung. Die sogenannten «elektronischen Orgeln» endlich des 20. Jahrhunderts besitzen wohl Klaviaturen, aber weder Gebläse noch Pfeifen; sie verwandeln die rein elektrischen Schwingungen der Tongeneratoren mittels Lautsprechern in hörbare Schallwellen.

Kleine Kulturgeschichte der Orgel

Die Erfindung der Wasserorgel

Wir sind längst gewohnt, die meisten technischen Neuerscheinungen als Früchte mehr oder minder grosser Forschergruppen und nicht einzelner «Erfinder» anzusehen. Der Fachmann weiss jeweils von einem langen und beschwerlichen Weg zu berichten von den ersten Versuchsanlagen über primitive Prototypen und Vorserien bis hin zum Endprodukt. Mit grossem Misstrauen begegnen wir deshalb älteren Schriftstellern und Chronisten, welche für alles und jedes Erfindernamen und gleich auch Jahreszahlen zur Verfügung haben. Dies gilt auch für die Musikgeschichte. Joseph Haydn soll die «motivische Arbeit» in der Durchführung der Sonatensätze, Gregor der Grosse den nach ihm benannten «gregorianischen Choral» erfunden haben. Diese und ungezählte andere Zuschreibungen früherer Geschichtsschreiber erwiesen sich später als unwahr oder zumindest als grobe Vereinfachungen und Übertreibungen.

Auch ein so komplizierter Apparat wie die Orgel sollte nach unserem Empfinden eine lange Entwicklungsgeschichte haben. Sie reicht auch tatsächlich bis ins dritte vorchristliche Jahrhundert zurück, führt aber wider alles Erwarten doch zu einem «Erfinder». Nach allen heute zur Verfügung stehenden Quellen ist die Orgel die Erfindung eines einzelnen Mannes namens *Ktesibios* aus Alexandrien im heutigen Ägypten. Dieser Erfinder, Sohn eines Friseurmeisters, war erstaunlicherweise nicht etwa Musiker, sondern Techniker und Maschineningenieur. Ausser der Orgel erfand er verschiedene mechanische Spielsachen, sich bewegende Vogelfiguren, Wasserspiele und Feuerwehrspritzen. Als Erfindungsjahr wird oft 246 v. Chr. genannt; die Zahl selbst ist nicht genau nachzuweisen, doch stimmt der Zeitabschnitt zweifellos. Der Erfindungsort der Orgel muss nicht unbedingt Alexandrien sein, der spätere Wohnsitz von Ktesibios war Aspendus im südlichen Kleinasien. Der Erfinder nannte sein neues, künstliches Musikinstrument ὑδραῦλος (hydraulos), also «Wasser-Aulos». Der Aulos war ein sehr verbreitetes Blasinstrument mit Doppelrohrblatt und Grifflöchern, entspräche somit im Prinzip der heutigen Oboe. Das Wasser spielte, wie wir sehen werden, eine wichtige Rolle als Druckregler im kunstreichen Pumpengebläse. Während man auf dem gewöhnlichen Aulos verschieden hohe Töne durch Decken und Öffnen der Grifflöcher erreichte, verwendete Ktesibios eine Reihe verschieden langer, das heisst abgestimmter Auloi für seine Wasserorgel, wobei der einzelne Aulos beim Einschalten des Windes nur noch seinen Grundton abgab. Das neue Musikinstrument erregte zunächst mehr das technische als das musikalische Interesse der Zeitgenossen, ein Schicksal, welches – nebenbei gesagt – dem Instrument bis heute treu geblieben ist und oftmals zu bedauerlichen Entwicklungen geführt hat. Nicht zufällig stammen deshalb die beiden wichtigsten erhaltenen Beschreibungen der antiken Wasserorgel nicht von Musikern, sondern von Technikern. *Heron* von Alexandrien lebte im 1. Jahrhundert nach Christus. Er beschrieb ein sehr einfaches und altertümliches

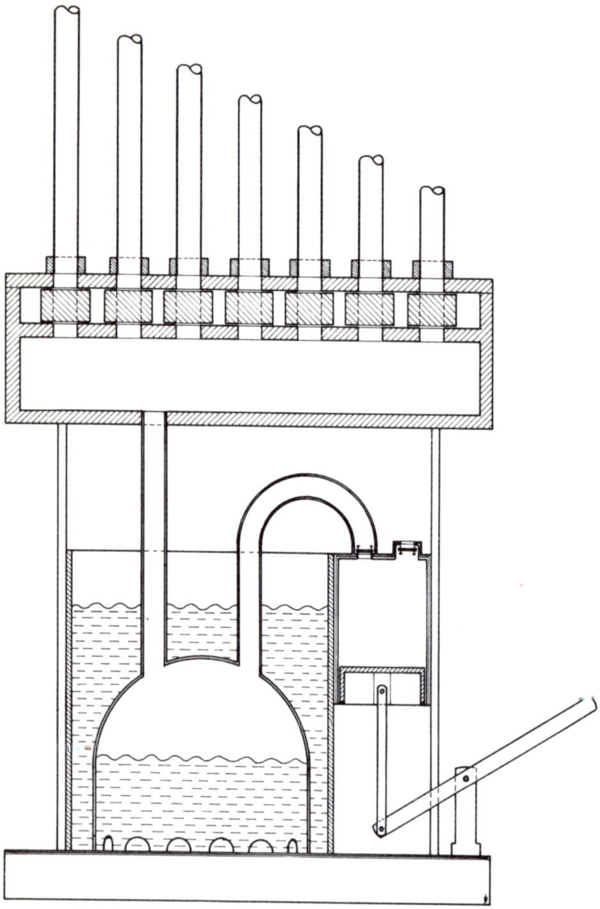

3 *Schnitt durch die antike Wasserorgel nach der Beschreibung von Heron. Das Instrument besitzt nur eine einzelne Kolbenpumpe und Pfeifenreihe, also noch nicht verschiedene Register. Es stellt somit den «Prototyp» der Erfindung des Ktesibios dar.*

Orgelmodell mit nur einem Register und einer Kolbenpumpe, gewissermassen den Prototyp des Ktesibios (3). *Vitruv* lebte eine oder zwei Generationen früher als Heron im 1. Jahrhundert vor Christus (gest. um 26 n. Chr.). Er beschrieb aber ein bereits entwickelteres Instrument mit zwei Kolbenpumpen und mehreren, bis acht Pfeifenreihen (Registern), welche einzeln oder wahlweise zusammen gespielt werden konnten (4). Heron war wie Ktesibios selbst ein Ingenieur, Vitruv ein Architekt. Dies erklärt, warum der technisch-mechanische Teil der Orgel recht ausführlich beschrieben und daher gut bekannt ist, der musikalische Teil dagegen rudimentär und dunkel.
Heron erwähnt lediglich die «auloi», die lauten Oboen, also Zungenregister. Vitruv kennt dagegen schon verschiedene Klangfarben, nämlich Zungenstimmen und offene sowie gedeckte Labialstimmen. Der Einbau verschiedener Register sowie deren frei wählbare Einschaltmöglichkeiten stammen nicht von Ktesibios selbst, sondern stellen eine spätere Weiterentwicklung eines unbekannten griechischen Technikers dar, der etwa um 200 v. Chr. gelebt haben dürfte.

Die Verbreitung der Orgel im hellenistischen und römischen Reich

Über den ersten 150 Jahren der Geschichte der Orgel liegt grosses Dunkel. Offensichtlich muss sich aber das technische Wunderwerk von Ktesibios im Verlaufe des 2. Jahrhunderts vor Christus zu einem allgemein beliebten Musikinstrument entwickelt haben. Im 1. Jahrhundert vor Christus war das Orgelspiel so verbreitet, dass in Griechenland öffentliche Orgelwettspiele mit anschliessenden Siegerehrungen stattfanden. Eine Inschrift von Delphi aus dem Jahre 90 v. Chr. beweist, dass das Orgelspiel bei den dortigen Musikwettspielen zugelassen war: Der virtuose Orgelspieler Antipatros aus Eleutherna auf Kreta wurde von der Stadt Delphi

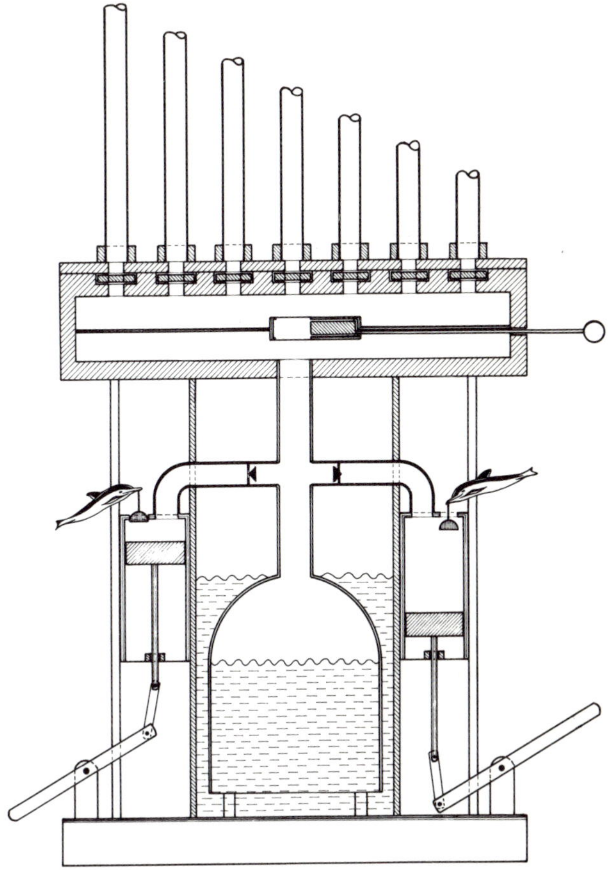

4 *Schnitt durch eine Wasserorgel nach der Beschreibung des Vitruv. Die beiden Kolbenpumpen wirken alternierend; die Delphine dienen als Gegengewichte der Einlassventile und steigen beim Orgelspiel auf und nieder. Die verschiedenen Pfeifenreihen (Register) können durch Schieber im Windkasten eingeschaltet und wahlweise einzeln oder zusammen gespielt werden.*

zur Teilnahme am Musikwettspiel von zwei Tagen Dauer gebeten, siegte dabei, erhielt eine Broncestatuette und eine Inschrift am Apollotempel in Delphi, eine Art Ehrenbürgerrecht der Stadt, sowie weitere Vergünstigungen, wie die Priorität beim Befragen des Orakels. Offenbar stand also die Orgelkunst in Griechenland bereits in hoher Blüte.

Die erste Erwähnung der Orgel im römischen Schrifttum steht im dritten «Gespräch von Tusculum», das der Philosoph und Staatsmann Cicero (106–43 v. Chr.) geschrieben hat. Die Stimmen der Orgel (voces hydrauli) rechnet hier Cicero zu den leckersten Feinschmeckereien und sinnlichsten Genüssen, wie geräucherten Aal, Blumenfülle, Parfüms und Rosenduft. Er erwähnt den Orgelklang aber wie ein unbekanntes orientalisches Gewürz. Tatsächlich war die Orgel damals in Rom so gut wie unbekannt. Cicero selbst hatte sie und die Beliebtheit ihres Spieles auf seiner Reise durch Griechenland und Kleinasien in den Jahren 79–77 v. Chr. kennengelernt.

Das genaue Erscheinungsdatum der Orgel in Rom ist nicht bekannt. Die Instrumentalmusik war in der klassischen Zeit der römischen Kulturwelt ganz allgemein eine niedere Sache, welche man gerne den Ausländern und Sklaven (meist Griechen) überliess. Der Philosoph Seneca (geb. um Christi Geburt, gest. 65 n. Chr.), der Lehrer und Erzieher Neros, kannte die Orgel; sein Schüler, der nachmalige römische Kaiser von 54 bis 68 n. Chr., war von ihr geradezu begeistert. Im Jahre 67 führte Nero persönlich einen neuen, in Rom bisher unbekannten Orgeltyp mit verschiedenartigen Klangmöglichkeiten vor, also vermutlich den von Vitruv beschriebenen Typ mit verschiedenen Registern. Wahrscheinlich hatte Nero diesen Typ auf seiner Griechenlandreise im Jahre 66 kennengelernt. Er gelobte, er werde selber als Orgelspieler in den Siegesfeiern auftreten, falls er erfolgreich aus dem Gallieraufstand (67) hervorgehe. Der beim Vesuvausbruch im Jahre 79 ums Leben gekommene Plinius der Ältere erwähnte in seiner «Naturgeschichte» nicht nur Ktesibios als Erfinder der «hydraulischen Instrumente», sondern bemerkte auch von den Delphinen, sie liebten die Musik und insbesondere die Töne der Orgel (hydrauli sono). Aus dem Spruch «Wenn die Orgel spielt, springen die Delphine» wollte man früher ableiten, die Orgel sei vorwiegend für Konzerte auf dem Wasser verwendet worden. Der Spruch bezieht sich indessen nur auf die vertikalen Bewegungen der in Delphinform ausgestalteten Gegengewichte der Einlassventile der beiden Kolbenpumpen einer Wasserorgel (4).

Jedenfalls ist die Orgel nach der Mitte des 1. Jahrhunderts nach Christus in Rom gut bekannt. Seit dem 2. Jahrhundert ist sie als Luxusobjekt der oberen Schichten allgemein eingeführt und vom Volke bestaunt. Als Beweis hierfür möge die Tatsache dienen, dass sich das Keramikatelier des Possessors in Karthago (im heutigen Tunesien, einer damaligen römischen Provinz) leisten konnte, kleine Öllampen für den täglichen Gebrauch in Form von Orgeln zu fabrizieren. Bruchstücke solcher Lampen, aus Abfallgruben geborgen, sind uns heute wertvollste Zeugen antiker Orgelbaukunst. Die beiden Beschreibungen von Heron und Vitruv, die statistische Auswertung der etwa vierzig erhaltenen Abbildungen, die Reste einer im Jahre 228 gebauten und 1931 in Aquincum (Ungarn) ausgegrabenen Orgel sowie diese extravaganten «Lampenmodelle» ergeben, zusammen betrachtet, doch ein ziemlich genaues Bild der antiken Orgel.

Das Aufkommen der Balgorgel

Wer auf den Gedanken gekommen ist, das komplizierte Gebläse der Wasserorgel durch die seit Urzeiten bekannten Handbälge, wie sie die Schmiede an der Esse gebrauchten, zu ersetzen, ist nicht bekannt. Auch über den ungefähren Zeitpunkt fehlen Anhaltspunkte. Erste sichere Hinweise auf die Balgorgel (im Schrifttum leider in Verwirrung stiftender Weise oft als «pneumatische Orgel» [organum pneumaticum] im Gegensatz zur «Wasserorgel» [organum hydraulicum] bezeichnet) kennen wir erst aus dem 2. Jahrhundert durch den Grammatiker Julius Pollux. Er unterscheidet kleine Orgeln mit Bälgen, schwach klingend mit wenigen Registern und Tönen, und grosse Orgeln mit Wassergebläse, stark klingend mit vielen Registern und Tönen. Vermutlich dürften die Anfänge der Balgorgel aber viel weiter zurückliegen und bis in die Anfänge der Kaiserzeit reichen.

Vielerlei Möglichkeiten des Überganges und andere Gegebenheiten erklären das Dunkel, welches diesen Systemwechsel umgibt:

- Der Balg ersetzte vielleicht anfänglich nur die Kolbenpumpe. Die Wasserglocke des Ktesibiosgebläses blieb dabei mit allen ihren Unannehmlichkeiten (grosses Gewicht, Korrosions- und Gefriergefahr des Wassers) trotzdem bestehen.
- Die reine Balgorgel war zuerst nur klein und nur als Hausinstrument zu verwenden. Das repräsentative Theater- und Freiluftinstrument war nach wie vor die Wasserorgel.

• Die Wasserorgel war für die Gelehrten und das Volk viel «interessanter» als die Balgorgel. Daher wurde nur sie beschrieben und besungen. Aus dem gleichen Grunde sind praktisch keine Abbildungen antiker Balgorgeln erhalten, sondern nur solche von Wasserorgeln. Noch zu späteren Zeiten zog die zahlenmässig seltener gewordene Wasserorgel den Hauptteil der Aufmerksamkeit auf sich.

• Selbst der Name «hydraulis» blieb bis ins Mittelalter auch für reine Balgorgeln im Gebrauch. Die sagenhafte, unerklärliche Rolle des Wassers übte auf die Leute offenbar eine magische Anziehungskraft aus.

Bereits die kleine Orgel von Aquincum aus dem Jahre 228 war eine reine Balgorgel mit vier Registern zu je 13 Tönen (9). Sie hiess laut Widmungstext trotzdem «hydra». Seit dem 4. Jahrhundert wird es noch schwieriger, zwischen Wasser- und Balgorgeln zu unterscheiden, da nun die Grössenunterschiede zwischen diesen beiden Typen dahinfallen. Bis grosse Orgeln mit Bälgen möglich wurden, vergingen indessen noch Jahrhunderte. Ebenfalls seit dem 4. Jahrhundert kann «organum» (als Kurzform für organum hydraulicum) nun auch Orgel bedeuten; vorher hiess sie stets nur «hydraulis» oder «hydra».

Der Untergang der Orgel im weströmischen Reich

Von verschiedenen Kaisern der spätrömischen Zeit wissen wir, dass sie, dem Beispiel Neros folgend, entweder selbst Orgel spielten oder doch zumindest die Orgelmusik liebten, so der Kaiser Elagabal (218–222), sein Nachfolger Alexander Severus (222–235) und Gallienus (260–268). Von letzterem zum Beispiel berichtet der Geschichtsschreiber Pollion: «Oft ging er unter dem Spiel der ‚tibia' aus und kehrte unter dem Spiel der Orgel zurück, denn er hatte angeordnet, dass zu seinem Ausgang und Eingang musiziert werde.»

Später werden die Nachrichten über die Orgel spärlicher. Freilich galt die Orgelmusik der dekadenten Gesellschaft im allgemeinen Niedergang der Sitten als leckere Gourmandise. Von den geistig hochstehenden Leuten wurde die Instrumentalmusik aber nach wie vor tief eingeschätzt. Diese Haltung wurde natürlich auch von den Kirchenvätern übernommen. Diese erwähnten, wie wir sehen werden, die Orgel selten und höchstens für bildhafte Vergleiche. Der vergleichsweise kulturlose Zustand der Goten gefiel ihnen als tugendhaft im Gegensatz zur spätrömischen Dekadenz. Die Völkerwanderungszeit des 5. und 6. Jahrhunderts hinterliess uns wenige Notizen, aber weniger infolge von Zerstörungen, sondern wegen eben dieser «Kulturlosigkeit»: Die Eindringlinge sind beispielsweise nicht musikliebend. In einem Brief aus dem Jahre 454 schildert Sidonius Apollinaris (433–479), der spätere Bischof von Clermont, die bescheidenen Sitten des Gotenkönigs Theodorich II. (453–466). Seine Mahlzeiten seien höchst einfach, man höre selten Musik. Es gebe dort keine Lyra, keine Kithara, keine Flöte, kein Tambourin, «da erklingt nie die Orgel» (organa hydraulica). So zerfielen und verschwanden schliesslich

auch die Kenntnisse von Orgelbau und Orgelspiel, ja selbst deren Erinnerung.
Als letzter römischer Schriftsteller erwähnte Martianus Capella in seiner um 420 geschriebenen Enzyklopädie der sieben freien Künste die Wasserorgel (hydraulae). Die letzte Erwähnung der antiken Orgel überhaupt findet sich bei Cassiodorus (ca. 490–580) um die Mitte des 6. Jahrhunderts. Er spricht nicht mehr von «hydraulae», sondern von «organa», und spricht ausdrücklich vom Wind der Bälge (flatus follium).

Das Weiterleben der Orgel im oströmischen Reich

Kaiser Konstantin der Grosse (306–337) verlegte die Hauptstadt des Reiches im Jahre 330 von Rom nach dem alten Byzanz, das fortan Konstantinopel hiess. Damit verschob sich auch das kulturelle und religiöse Schwergewicht nach Osten, und das bis anhin niedergehaltene Griechentum wurde wiederum herrschend. Nach dem Tode von Kaiser Theodosius im Jahre 395 zerfiel das römische Weltreich unter seinen beiden Söhnen endgültig in zwei Teile: Honorius erhielt das Westreich mit der Hauptstadt Ravenna und Arkadius das Ostreich mit «dem neuen Rom» Konstantinopel. Während das Westreich bereits 476 unterging, hielt sich das Ostreich bis zur Eroberung durch die Türken unter Mohammed II. im Jahre 1453. Im Westen ging die römische Kultur in den Wirren der Völkerwanderungszeit unter, mit ihr auch die Orgel. Bis zu ihrer seltsamen Wiederkunft im 8. Jahrhundert blieb sie völlig vergessen. Im Osten dagegen hielt sich ihre Kenntnis, wie die hellenistische Kultur überhaupt, bis zum Ende im 15. Jahrhundert. In diesen tausend Jahren byzantinischen Orgelbaues begab sich aber kaum viel Neues. Es scheint, dass die Orgel bald zum ausschliesslichen Privileg des kaiserlichen Hofes wurde und deshalb in ihrer Entwicklung erstarrte. Dort allerdings zählte sie zum obligaten Requisit des überreichen, oft orientalisch gefärbten Pompes.
Die meisten Kaiser waren sehr musikliebend; oft wird die Orgel ausdrücklich erwähnt. Schon Julianus Apostata (361–363) verfasste persönlich ein Epigramm auf die Orgel. Der zeitweise Wahnsinn von Justinus II. (565–578) soll erfolgreich durch tage- und nächtelanges Orgelspiel bekämpft worden sein. Kaiser Theophilus (829–842) liess zwei neue grosse Orgeln aus Gold bauen und mit Edelsteinen besetzen, ebenso goldene Bäume mit singenden Vögeln im Geäst, eine mehrfach belegte Art kunstvoller orientalischer Musikautomaten (14). Sein Sohn Michael III. (842–867), genannt der «Trunkenbold», war dagegen eine eher groteske Figur und sehr verschwenderisch. Als der kaiserliche Schatz geleert war und die Beamten und Soldaten trotzdem ihren Lohn verlangten, wusste er sich nicht anders zu helfen, als diese goldenen Orgeln und singenden Vögel einschmelzen und zu Münzen prägen zu lassen. Basilius I. (867–886) wurde 866 Mitregent von Michael III. und nach dessen Ermordung 867 neuer Alleinherrscher. Er liess sofort wieder Orgeln herrichten, gewissermassen

5 *Die Kontorniaten der römischen Spätantike waren nicht Münzen des täglichen Geldumlaufes, sondern speziell geprägte Gedenkmünzen für Festspiele im Amphitheater.*
Die Abbildung links zeigt einen Kontorniaten von Valentinian III. (424–455). Die Münze zeigt auf der Rückseite über der Orgel die Worte PLACEAS PETRI. *Petrus war also zweifellos ein Orgelvirtuose der Zeit. Neben dem hinter der Orgel hervorblickenden Spieler sind zwei die Luftpumpen bedienende Knaben gut erkennbar.*

6 *Die Abbildung rechts zeigt einen Kontorniaten von Nero. Die Rückseite der Münze zeigt eine Wasserorgel mit einer nicht genauer identifizierbaren Person auf der linken Seite. Die Worte* LAVRENTI NICA *scheinen zu besagen, dass Laurentius der siegreiche oder favorisierte Orgelspieler jener Wettkämpfe war.*

Beide Münzen sind im «Cabinet des Médailles» in Paris aufbewahrt.

◀ 7 *Orgelszene der 1852 entdeckten Mosaike von Nennig bei Trier, aus der Epoche Hadrians (117–138) stammend. Die traditionelle sechseckige Form des Unterbaues und die beiden seitlich angebrachten Kolbenpumpen sind deutlich sichtbar. Das Zusammenspiel der antiken Orgel mit Hörnern und Trompeten ist mehrfach belegt. Beide Musiker blicken offenbar in die Richtung der Gladiatorenkämpfe, die sie zu begleiten und musikalisch zu untermalen haben.*

8 *Die Wasserorgel als exklusives Lampenmodell der antiken Keramikwerkstätte Pullaen Possessor in Karthago. Diese Öllampe aus Terrakotta im Museum Lavigerie (Carthage, Tunisie) stellt die genaueste Nachbildung einer Wasserorgel dar, die wir aus dem Altertum selber besitzen. Die Vorderseite zeigt den sechseckigen Sockel, die beiden Pumpen, die Windlade mit der eingeritzten Inschrift «POSSESSORIS», die Löcher für den Docht und zum Einfüllen des Öls, die Pfeifen samt ihren Labien und der traditionellen schiefwinkligen Halterung. Die Rückseite zeigt die abgebrochene Figur des stehend spielenden Organisten.*

10 *Initiale B des Psalmverses «Beatus vir...» im Codex 4° Cod.ms. 24 (= Cim. 15), fol. 2r, Universitätsbibliothek München. Beinahe das gesamte Instrumentarium der Zeit des 13. Jahrhunderts scheint abgebildet zu sein. Als offenbar wichtigste Instrumente erscheinen in der obern B-Schleife neben der Radleier das Psalterium (?) und die Querflöte, in der untern Schleife dagegen die Orgel und das Glockenspiel, eine im Mittelalter häufig abgebildete Kombination. Vom Conflatorium, dem Sammelstück der einzelnen Blasebälge, führen drei Windkanäle zu Bass, Mittellage und Diskant der Windlade.* ▶

9 *Die aus den 1931 geborgenen Resten neu zusammengesetzte Orgel von Aquincum-Ungarn. Die Rekonstruktion besorgte der ungarische Orgelbauer Angster; sie entspricht aber mit Sicherheit nicht in allen Einzelheiten dem Original. Bei diesem Instrument handelte es sich um eine Balgorgel mit 4 Registern zu je 13 Tönen, also 52 Pfeifen. Die bronzene Inschrifttafel von 16,7×9,5 cm erlaubt die genaue Datierung auf das Jahr 228. Der Text lautet:*
G(AIVS) IVL(IVS) VIATORINVS
DEC(VRIO) COL(ONIAE) AQ(VINCI) AEDI-
LICIVS PRAEF(ECTVS) COLL(EGII)
CEN(TONARIORVM) HYDRAM COLL(EGIO)
S(VPRA) S(CRIPTO) DE SVO D(ONVM) D(EDIT)
MODESTO ET PROBO CO(N)S(VLIBVS)
Gaius Julius Viatorinus, Decurio der Kolonie von Aquincum, Aedil und Vorsteher des Kollegiums der Webermeister, hat diese Orgel (hydra) dem oben erwähnten Kollegium auf seine eigenen Kosten als Geschenk gegeben zur Zeit, da Modestus und Probus Konsuln waren.

EA
TUS
VIR
QVI
N
A
B

11 *Eine reich gekleidete Figur versucht, eine Orgel an einen (Weiden-)Baum zu hängen. Ein naives Missverständnis des 137. Psalmes mit der bekannten Wehklage der gefangenen Kinder Gottes an den Wasserflüssen Babylons: «in salicibus in medio ejus suspendimus organa nostra».*
Bibliothèque Nationale Paris, Ms. fonds latin 11560, réserve, fol 36.
Deutlich sichtbar sind die trichterförmigen Pfeifen mit ihren Labien und die Handgriffe der Tonschleifen. Das Instrument besitzt zwei Register zu acht Tönen sowie Bordunpfeifen links und rechts aussen.

12 *Glasgemälde im Chor der ehemaligen Klosterkirche Königsfelden, Schweiz, 1. Hälfte des 14. Jahrhunderts. Rechts ein Portativ spielender Engel. Die Pfeifenreihe wird durch zwei zinnenbekrönte Türme zusammengehalten, ein Motiv, das später auch bei grösseren Orgelgehäusen wieder aufgegriffen wird (32).*

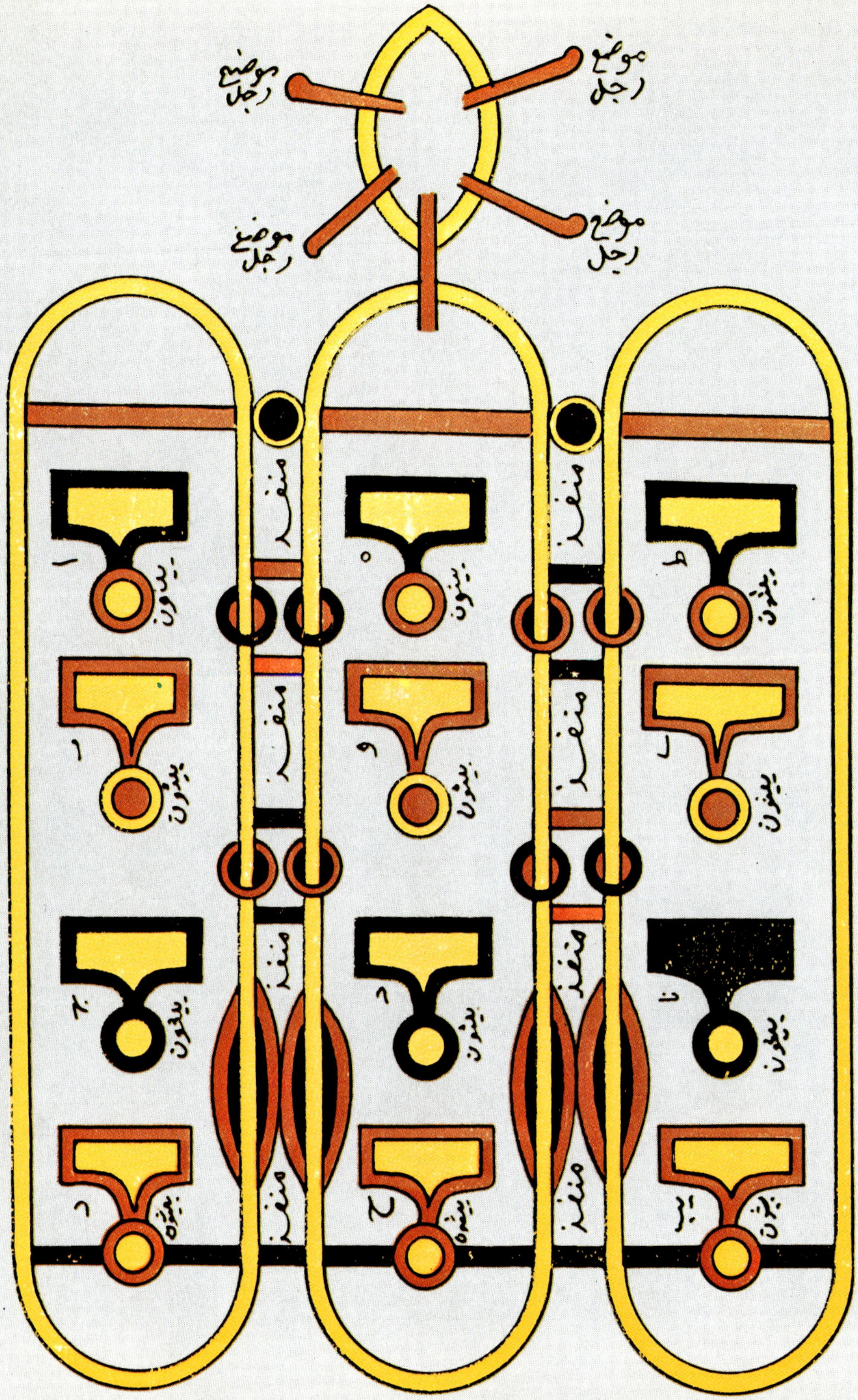
موضع
رجل
موضع
رجل
موضع
رجل
موضع
رجل
منفذ
منفذ
منفذ
منفذ
منفذ
منفذ
منفذ
منفذ

13 Die « Orgel » des Muristos nach der arabischen Handschrift von Beirut. Als Winderzeuger dienen keine Blasbälge, sondern vier Männer, welche durch vier Rohre in einen Ledersack blasen (oben). Die Orgel umfasst 4 Register zu 3 Noten, also 12 Pfeifen. Der Wind wird mittels Hahnen zu den einzelnen Pfeifen geleitet, bei welchen es sich nach der Beschreibung um Zungenpfeifen handelte. Nach der Darstellung soll offenbar der äusserste Ton rechts der zweiten Reihe von unten klingen.

als Insignien kaiserlicher Macht. Schon am Weihnachtstage des gleichen Jahres 867 spielte ein solches Instrument anlässlich eines Bankettes, das der Herrscher zur Feier des Tages seinen arabischen Kriegsgefangenen offerierte. Einer von ihnen, Harun Ben Jahja, schilderte das Ereignis später wie folgt:
« Dann führt man die Muslime herzu; auf den Tischen steht eine Menge kalter und warmer Speisen. Hierauf ruft der Herold: ,Bei des Kaisers Haupte, unter diesen Speisen ist kein Schweinefleisch', und man bringt ihnen die Speisen in goldenen und silbernen Schüsseln. Dann wird ein Ding gebracht, ,al urgana' (τα ὄϱγανα, die Orgel) genannt. Es ist dies ein aus einem viereckigen Holz hergestelltes Ding nach Art einer Ölpresse, und jene Presse wird mit solidem Leder bedeckt; dann werden sechzig kupferne Röhren eingesetzt, deren Spitzen bis zu ihren Hälften nach oben . . . (Textlücke). Jene Röhren sind über dem Leder mit Gold bedeckt, so dass nur wenig davon erkennbar ist, insofern ihre Masse einander nahe kommen, indem eine immer etwas länger ist als die andere. An der Seite dieses viereckigen Dinges befindet sich ein Loch, in welches ein Blasebalg eingesetzt wird, gleich dem Blasebalg der Schmiede. Dann bringt man zwei Männer, die in jenen Blasebalg hineinblasen, und es erhebt sich der Meister und spielt auf jenen Röhren, und jede Röhre singt durch ihre Lage nach Massgabe des Tones, der auf ihr gespielt wird, zum Lobe des Kaisers, wobei sämtliche Leute an den Tischen sitzen und essen.»
Zur Zeit Konstantins VII. (944–959) waren gleich vier Orgeln am Kaiserhof, nämlich zwei goldene für den Herrscher persönlich und je eine silberne für die sogenannte blaue und grüne Partei. Im Jahre 946 ertönte während einer ganzen Mahlzeit zu Ehren einer sarazenischen Gesandtschaft Musik von hinter Vorhängen verborgenen Sängern, welche jedoch bei jedem Auftragen eines neuen Ganges durch einen «Tusch» der Orgel unterbrochen wurden. Kaiser Konstantin verfasste selbst ein umfangreiches Buch über die Zeremonien am byzantinischen Hof, das zahlreiche Hinweise über das Orgelspiel enthält. Die Orgel war danach obligates Instrument für die Kaiserverehrung, die sog. « Akklamationen ». Möglicherweise wurde sie hierfür sogar in der Kirche benützt, ohne aber dadurch kirchlich-liturgisches Instrument im heutigen Sinne zu sein. Ferner wirkte sie bei zahlreichen Gelegenheiten im kaiserlichen Palast, im Hippodrom und bei sonstigen Auftritten des Kaisers mit. Gelegentlich ist auch eine Orgelbegleitung zum Gesang der Menge erwähnt, aber stets nur als Freiluftinstrument. Der Dichter Corripus berichtet als Augenzeuge (zur Zeit Justinians I., 527–565) von Orgelmusik in den Strassen bei Volksfesten. Der junge Konstantin VI. (780–797) führte auf Reisen mit seiner Mutter Irene eine Orgel im Begleittross mit. Der Hofchronist Nicetas Choniates berichtet, Kaiser Alexios III. (1195–1203) habe «die pfeifenreichen Orgeln mit den Bälgen » für eine Zirkusaufführung aufstellen lassen, welche er anlässlich der Hochzeit seiner Tochter trotz der herannahenden Fastenzeit auf Bitten der Neuvermählten gestattet, aber an einen ungewohnten Ort verlegt und nur dem engeren Hofstaat zugänglich gemacht habe. Noch Kon-

stantin XI., der letzte byzantinische Kaiser (1448 bis 1453), rüstete eine Gesandtschaft, welche er nach Trapezunt und Iberien abordnete, mit einer Orgel aus. Bei der Ankunft in Iberien hätten sich die Organisten beeilt, das Instrument auszupacken und zu spielen. Das Volk sei herbeigeeilt und verblüfft vor dieser unbekannten Musik stehen geblieben.

Die Orgel in den arabischen Ländern

Schon um 450 beschwert sich Isaac von Antiochia in einem Gedicht in syrischer Sprache, er könne nachts in dieser Stadt nicht schlafen, weil vor den Häusern der Vornehmen dauernd gesungen und musiziert werde mit Zithern, Leiern und Hydraulen, welche die andern Instrumente und den Gesang weit übertönten. Die Orgel – wohl trotz dem Namen Hydraulen Balgorgeln – war damals in Syrien als Strasseninstrument offenbar sehr verbreitet. Auf dieser hellenistischen Kultur fussend, war die Orgel später auch in den islamischen Ländern mit den Kalifaten Córdoba, Kairo und Bagdad bekannt. Es handelt sich dabei um eine seltsame, bis heute nicht ganz erhellte Episode in der Geschichte dieses Instrumentes. Offensichtlich ging es hier weit weniger um einen Prunkgegenstand wie in Byzanz als vielmehr um ein technisches Studien- und Experimentiergerät.

Der Hof von Bagdad erlebte seinen Höhepunkt in der Zeit von etwa 750 bis 850. In einem grossen wissenschaftlichen Aufschwung wurden viele griechische Werke ins Arabische übersetzt. Diesem Umstand ist zu verdanken, dass verschollene griechische Werke, wie etwa die «Pneumatica» des Heron, wenigstens in arabischen Übersetzungen erhalten sind. Verschiedene Lexika erwähnen die «hydraulis», doch haben die Verfasser offensichtlich nie eine Orgel gesehen, sondern kennen sie nur vom Hörensagen oder aus den theoretischen Schriften. Soweit diese arabischen, meist rein kompilatorischen Werke aus dritter und vierter Hand überhaupt verständlich sind, sind viererlei Instrumentenarten zu unterscheiden:

1. Die «normale» Orgel, wie sie vom byzantinischen Kaiserhof her bekannt war. Dieser Typus war eher selten und dürfte auch hier weitgehend auf Fürstenhöfe beschränkt gewesen sein. Der chinesische Kaiser Shih Tsu erhielt um 1260 eine Orgel aus den «muselmanischen Königreichen», das heisst wahrscheinlich aus Bagdad, zum Geschenk. Der langen Beschreibung eines zeitgenössischen chinesischen Chronisten ist zu entnehmen, dass das Instrument etwa 150 Zentimeter hoch und 100 Zentimeter breit war und 90 Pfeifen, verteilt auf sechs Register zu 15 Tönen, enthielt. Die Pfeifen waren auf eine arabische Tonleiter gestimmt und wurden bei ihrer Ankunft in China durch Ortsmusiker auf eine chinesische Leiter umgestimmt.

2. Der Syrer Josua bar-Bahlul unterschied um 960 zweierlei Orgeln: eine Orgel, wie sie vom Hofe zu Byzanz her bekannt sei, und eine Orgel ganz anderer Art, welche weithin hörbar sei. Dies letztere Instrument wurde auch von einem gewissen Muristos (13) beschrieben, dessen Name erstmals um 850 erwähnt wird,

14 Bäume mit singenden Vögeln und sich bewegenden Blättern waren im vorderen Orient seit alters beliebt und bekannt. Schon Ktesibios, der Erfinder der Orgel, wird als Schöpfer beweglicher Vogelfiguren erwähnt. Die Speisung mit Handbälgen ist unwahrscheinlich; diese Musikautomaten arbeiteten meistens mit dem Ktesibiosgebläse. (Nach Gerbert: «De cantu», St. Blasien 1774, Tafel XXVIII.)

während seine Werke aber erst 988 durch Ibn al-Nadim überliefert sind. Im «Buch über das Musikinstrument, welches man 60 Meilen weit hört», wird ein Apparat für laute Hornstösse beschrieben, welcher das hydraulische Gebläse des Ktesibios verwendete und militärischen Signalzwecken diente. Das Instrument war nach den Beschreibungen sechs bis neun Meter hoch, arbeitete mit grossen Winddrucken und gab einen sirenenhaften, weithin hörbaren Ton von sich. Muristos soll eine solche «Orgel» für den nicht identifizierbaren «König des inneren Frankenreiches» gebaut haben. Bis ins 13. Jahrhundert hinein wird dieses Signalinstrument, das 60 Meilen weit zu hören ist, erwähnt.

3. Eine gemeinsame Wurzel mit der «Orgel» des Muristos dürfte auch das sagenhafte Instrument «magrepha» haben, welches im babylonischen Talmud erwähnt wird. Voreilig wurde bisweilen der Schluss gezogen, es handle sich hierbei um das alte Tempelinstrument des israelitischen Volkes, das man von Jerusalem bis zum Ölberg, ja hinunter bis nach Jericho gehört habe. Diese Fragen sind aber heute noch völlig ungelöst.

4. Wie in Byzanz, so waren auch in Bagdad die «Bäume mit den singenden Vögeln» bekannt (14). Anlässlich der Schilderung des Empfanges einer byzantinischen Gesandtschaft am Hofe von Bagdad im Jahre 917 erfahren wir Einzelheiten: Ein silberner Baum von 500 000 Dirhams Gewicht (ca. 1400 kg) steht mitten in einem Teiche. Er verzweigt sich in 18 Äste mit verschiedenfarbigen Blättern, auf denen sich goldene und silberne Vögel tummeln. Wenn der Apparat läuft, pfeifen die Vögel, und die Blätter bewegen sich. Dieses Wunderwerk wird noch in einem französischen Gedicht aus dem 12. Jahrhundert besungen.

Die arabische Welt mit den Hauptstädten Damaskus und Bagdad entwickelt so die byzantinische Palastorgel auf einem seltsamen schmalen Pfade zurück zu Musikautomaten und Spieluhren, die mit dem weiterentwickelten «Ktesibiosgebläse» arbeiten und daher oft «organa hydraulica» genannt werden. Im Westen sind solche «Orgeln» auch nicht ganz unbekannt (Tivoli 16. Jahrhundert; Schloss St-Germain unter Louis XIII.), doch sind es für uns doch vornehmlich Staunen hervorrufende Prunkstücke aus der Welt von Tausendundeiner Nacht, genau so wie die Araber ihrerseits über die byzantinische Orgel gestaunt haben mochten. Der 967 verstorbene Gelehrte Abu'l-Faraj al-Isfahani beschreibt in seinem Buch über den Gesang eine zwischen 813 und 825 geschehene Szene: «Eines Tages trat Isma'il ibn al-Hadi bei Al-Ma'mun ein, da er eine Musik hörte, welche seine Aufmerksamkeit erregte. Da sprach Al-Ma'mun zu ihm: ‚Was haben Sie?' Er antwortete: ‚Ich habe etwas gehört, das mich aufwühlte. Bis jetzt bestritt ich aufs heftigste das Gerücht, die Byzantiner Orgel (urghan al-rùmi) mache sterben vor Wonne. Aber jetzt kann ich bezeugen, dass es wahr ist.'»

Die Kirchenväter und die Orgel

Die Kirchenväter sind altchristliche Schriftsteller, deren Rechtgläubigkeit im Leben und Schrifttum von der Kirche anerkannt worden ist. Die katholische Kirche verehrt sie meist als Heilige. Beim Lesen ihrer grösstenteils lateinisch geschriebenen Texte ist grosse Vorsicht am Platze, da auch hier das Wort «organum» sehr vieldeutig ist und keineswegs immer «Orgel» bedeutet. Schon über den gottesdienstlichen Gesang waren die Meinungen geteilt, doch herrschte im allgemeinen Zustimmung zu einem schönen Gesang, wenn er dazu diente, die Seelen zu erheben und Gott zu loben. Gegenüber der Instrumentalmusik, also auch der Orgelmusik, scheint hingegen durchwegs Ablehnung geherrscht zu haben. Schon die antiken Blasinstrumente waren verpönt, wieviel mehr also die kostspielige und luxuriöse Orgel, welche den viel geschmähten, sinnlich aufreizenden Aulosklang nachahmte.

Schon St. Justinus (103–168) verbannte alle Instrumente aus der Kirche. Die Musiker hatten ihren Beruf zu wechseln, oder man verweigerte ihnen die Taufe. Auch St. Hieronymus (347–420) hielt alle Musikinstrumente für verderblich. Er schrieb einer vornehmen Dame: «Bemühen Sie sich also, Ihrer Tochter eine ihrer Herkunft würdige Erziehung zu geben... sie möge gegenüber Musikinstrumenten taub sein, sie soll nicht wissen, wofür tibia, lyra und cithara gemacht sind.» Das Konzil von Arles im Jahre 314 exkommunizierte alle Schauspieler und Theaterleute, wobei wir wissen, dass zum Beispiel Isidor von Sevilla (gestorben 636) die Organisten und Citharisten zu den Theaterleuten zählte.

Die Kirchenväter standen somit der Instrumentalmusik ganz allgemein ablehnend gegenüber. Damit war auch das Urteil über die Orgel gefällt, deren Aufbau und Funktionsweise sie aber bestens kannten. Selbst der Orgelklang war an und für sich geschätzt als wohlklingend und süss (suavem melodiam, dulcissimas voces). Die Orgel galt also keineswegs als dröhnende Maschine. Sie wurde bisweilen mit Wohlwollen beschrieben und sogar sehr gerne für Symbole und Sinnbilder in Reden und Schriften verwendet, doch niemals stellte sich die Frage, ob sie für den Gebrauch in der

Kirche geeignet wäre: sie musste wie die «cithara», der «aulos» und die «cymbala» vor der Türe bleiben. Als Symbol freilich eignete sich das Instrument wie erwähnt hervorragend. Origenes (185–253) verglich in seinem Kommentar zum 150. Psalm selbst die Kirche Gottes mit einer Orgel, welche beschauliche und tatkräftige Elemente wie verschiedenartige Register in sich vereine. St. Gregor der Grosse (540–604) hielt die Orgel als Sinnbild für die heilige Predigt (sancta praedicatio). Man spürt – trotz aller Ablehnung der Orgel als Kircheninstrument – die Bewunderung für das komplizierte und unfassliche Ding, das so viele und verschiedenartige Teile birgt und doch ein harmonisches Ganzes darstellt.

Das Wiederauftauchen der Orgel im Abendland

Es dürfte allgemein bekannt sein, dass König Pippin der Kleine (714–768) im Jahre 757 vom byzantinischen Kaiser Konstantin V. (741–775) eine Orgel geschenkt erhielt und dass damit die Orgel auch im Westen wieder bekannt geworden ist. Die neuere Forschung hat diese gleichsam legendäre Erzählung als objektive Tatsache klargelegt. Nachdem die Orgel im Abendlande nach der Völkerwanderungszeit nicht nur als Instrument untergegangen, sondern selbst im Gedächtnis der Völker völlig ausgelöscht war, ist ihr so seltsames Wiedererscheinen nicht nur musikalisch, sondern darüber hinaus kulturgeschichtlich, ja machtpolitisch interessant und aufschlussreich.

Im Jahre 751 wurde Pippin auf Betreiben von Papst Zacharias (741–752) durch Erzbischof Bonifatius zum König der Franken gekrönt, eine Ehre, welche vor ihm keinem Merowinger widerfahren war. Dafür erhoffte sich der Papst eine tatkräftige Hilfe gegenüber der Bedrohung durch die Langobarden. Grosse Gebiete Italiens, die der oströmische Kaiser Justinian I. (527–565) den germanischen Völkerstämmen wieder entrissen hatte, waren nämlich inzwischen erneut unter die Herrschaft der Langobarden geraten. Kaiser Konstantin V. besass lediglich noch Ravenna und das Herzogtum Rom. Nun aber hatte der Langobardenkönig Aistulf (749–757) soeben Ravenna erobert (751) und bedrohte 754–756 Rom. Der Nachfolger von Papst Zacharias, Stephan II. (752–757), sandte zunächst ein erfolgloses Hilfegesuch nach Konstantinopel. Konstantin besass in Italien aber keine schlagkräftigen militärischen Mittel mehr und war zudem vom Bilderstreit völlig absorbiert. Dieser Bilderstreit war nicht neu; schon sein Vater Leo III. (717–741) hatte 726 den Bilderdienst verboten. Konstantin aber stellte die Bilderfrage erneut vor jegliche sonstige Politik. So wandte sich denn Stephan II. persönlich an König Pippin und erhielt dort die gewünschte Hilfe. Das fränkische Expeditionskorps rettete Rom und eroberte mit Leichtigkeit Ravenna zurück. Statt diese Gebiete aber Kaiser Konstantin zurückzugeben, schenkte sie Pippin dem Papst. Die Reaktion Konstantins war verblüffend: Anstelle militärischer Intervention sandte er zwischen 756 und

769 drei Gesandtschaften zu Pippin, um diesen für seine Bilderfeindlichkeit (Ikonoklasie) zu gewinnen. Diese Gesandtschaften waren jeweils mit erlesenen Geschenken ausgerüstet: jene vom Jahre 757 mit einer Orgel.
Konstantin erreichte zwar seinen Zweck nicht, aber das kaiserliche Geschenk erregte doch das gebührende Aufsehen. Alle zeitgenössischen Chroniken – es sind deren über zwanzig – erwähnen die Ankunft der Orgel am Hofe des Frankenkönigs als eines der bemerkenswertesten Ereignisse des Jahres 757. Die meisten Schreiber fügen noch ausdrücklich hinzu, dass die Orgel vorher in Frankreich unbekannt gewesen sei. Dies zeigt, dass die antike Orgel, welche sicher auch in den Amphitheatern Frankreichs erklungen war, vollständig in Vergessenheit geraten war. Um die Gunst des mächtigen Frankenkönigs Pippin zu erringen, zögerte Konstantin V. nicht, eine Orgel, das Symbol des kaiserlichen Glanzes und der kaiserlichen Macht, zu schenken. Dies mag übertrieben klingen, entspricht aber tatsächlich den damaligen Ansichten.
Der im 11. Jahrhundert schreibende byzantinische Chronist Georgius Cedrenus bezeichnet die goldenen Orgeln, singenden Vögel und andere Kunstgegenstände des Hofes als technische Wunderwerke, um derentwegen der (ost-)römische Staat bewundert werde. Johannes Zonaras (ca. 1100–1150) berichtet, dass diese Dinge dem Staate zum Schmuck und den Barbaren zum Schrecken dienten. Diese machtpolitische Bedeutung des Orgelbesitzes wird von Ermold dem Schwarzen indirekt bestätigt. In seinem Lobgedicht über Ludwig den Frommen (814–840) und dessen Orgel im Palast zu Aachen stehen die Verse:

Organa quin etiam, quae numquam Francia crevit,
Unde Pelasga tument regna superba nimis,
Et qui te solis, Caesar, superasse putabat
Constantinopolis, nunc Aquis aula tenet.
Fors erit indicium, quod Francis colla remittant,
Cum sibi praecipuum tollitur inde decus.

«Auch die Orgel, welche in Frankreich gänzlich unbekannt war, auf welche sich das stolze griechische Reich allzusehr etwas einbildete, um derentwillen Konstantinopel wähnte, Dir (Ludwig) überlegen zu sein, jetzt besitzt sie auch der Palast zu Aachen. Vielleicht ist ihm dies ein Fingerzeig, sich Frankreich zu unterwerfen, da es nun diese hervorragendste Zierde verloren hat.»

Die ersten Palastorgeln im Westen

Über die Orgel König Pippins ist wenig bekannt. Sie entsprach sicher völlig den byzantinischen Palastorgeln, dürfte also eine mit Gold, Silber und Edelsteinen verzierte Balgorgel gewesen sein. Die Übergabe im Jahre 757 dürfte auf dem königlichen Schloss von Compiègne erfolgt sein. Das Instrument wurde gebührend bewundert, und man scheint sich darauf nicht weniger eingebildet zu haben, als man dies Konstantinopel vorwarf. Durch Krieg oder Brand, jedenfalls äussere Gewalteinwirkung, ging diese Zierde des Hofes zusammen mit andern Schätzen verloren; die Einzelheiten von Ort, Zeit und Begleitumständen sind unbekannt. Insbesondere ist nicht bekannt, ob der Sohn Pippins, Karl der Grosse (724–814), diese erste Orgel noch übernommen und in die Pfalz zu Aachen verbracht hat. Ein Bericht des St. Galler Mönches Notker der Stammler (840–912) über das Jahr 812 wird oft falsch dahin gedeutet, Karl der Grosse habe in diesem Jahre ebenfalls eine Orgel von Konstantinopel geschenkt erhalten. Diese Quelle besagt indessen nur, eine byzantinische Gesandtschaft habe damals eine Orgel mitgebracht, um Karl eine angemessene Huldigung, eine sogenannte «Akklamation» im üblichen Stile des byzantinischen Kaiserhofes, darbringen zu können. Die Handwerker Karls versuchten (wahrscheinlich erfolglos), das Werk heimlich zu kopieren und nach dem Wegzug der Gesandtschaft und ihrer Orgel nachzubauen. Die Einzelheiten der Beschreibung Notkers sind trotzdem wertvoll, da sie auch für das Instrument Pippins zutreffen dürften. Danach handelte es sich um eine Orgel mit mehreren Bälgen aus starkem Leder, metallenem Windkasten, Pfeifen aus Kupfer oder Erz (Bronze) und mindestens drei verschiedenen Registern. Die Orgel lebte aber in der Erinnerung des karolingischen Hofes und der regierenden Familie weiter.

Als Ludwig dem Frommen (778–840), dem dritten Sohne Karls des Grossen, im Jahre 826 zu Ohren kam, ein Priester namens Georg aus Venedig behaupte, eine Orgel bauen zu können, liess er diesen Geistlichen sofort in seine Dienste nehmen und stellte ihm Geld und Material in reichlichem Masse zur Verfügung. So entstand im Palast zu Aachen die (seit vier- bis fünfhundert Jahren) erste im Westen erbaute Orgel. Man war, wie das schon erwähnte Gedicht von Ermold dem Schwarzen zeigt, ungeheuer stolz auf diese Konstantinopel «entrissene» Rarität. Auch Walahfrid Strabo (808–849, seit 829 Erzieher Karls des Kahlen, 838 Abt von Reichenau) beschuldigt Byzanz, zuviel Eitelkeit aus dem Besitz der Orgel gezogen zu haben: Die süsse Melodie der Orgel habe nun auch in Aachen einer Frau die Sinne geraubt, so dass sie schliesslich vor Wonne gestorben sei, weshalb der grosse König, Ludwig der Fromme, die Orgel nicht mehr zu den unerreichbaren Wunderdingen des Orientes zähle.

Der venezianische Priester Georg ist eine recht schattenhafte Figur, doch sind die Zusammenhänge nicht unklar. Er versprach, eine Orgel «nach Art der Griechen» (organum more Graecorum) zu bauen, also nach Art des oströmischen Reiches. Da Venedig zu jener Zeit nicht nur enge Handelsbeziehungen mit der Levante pflegte, sondern – zumindest theoretisch – von Konstantinopel abhing, dürfte Georg die Kunst des Orgelbaues in jener Metropole selbst erlernt haben. Zweifellos handelte es sich auch hierbei um eine Balgorgel byzantinischen Stiles mit zwei Bälgen und mehreren Registern mit vergoldeten Pfeifen. Wohl taucht die Bezeichnung «Wasserorgel» (organum hydraulicum) noch da und dort im Schrifttum des Mittelalters auf, aber offensichtlich stets auf den antiken Schriftstellern, wie Vitruv, Boethius usw., beruhend. Gemeint sind immer Balgorgeln, denn die Funktionen einer Wasserorgel waren jetzt unbekannt, oder man machte sich darüber zumindest sehr irrige Vorstellungen. So schrieb etwa Anonymus von Bern in seinem Orgelbautraktat (11. Jahrhundert): «Aber diese Pfeifen können hydraulisch sein; es genügt, ein gefülltes Wasserbecken darunterzustellen. Der Wind saugt das Wasser an und lässt es mit einem Ton durch die Pfeifen hindurch zurückfliessen.» Im 14. Jahrhundert schreibt sogar kein Geringerer als Marchetus de Padua: «Das Wasser hilft viel zur Bildung musikalischer Töne, wie sich das deutlich bei den Orgelpfeifen zeigt, welche mit Wasser gefüllt werden, damit sie klingen.»

Die Orgel wird christliches Kircheninstrument

Es steht ausser allem Zweifel, dass die Orgeln unter Pippin dem Kleinen, Karl dem Grossen und Ludwig dem Frommen – genau wie in Konstantinopel – nur als weltliches Prunkstück des Hofpalastes gedient haben, niemals aber als Kircheninstrument im Gottesdienste. Selbst das gelegentliche Spiel als Freiluftinstrument war in Aachen bekannt, benützte doch Ludwig der Fromme die Orgel anlässlich von Paraden. Später aber wird plötzlich und so ausschliesslich von Kirchenorgeln gesprochen, dass für die folgenden drei Jahrhunderte überhaupt jegliche Zeugnisse der weltlichen Orgel fehlen. Dieser kulturell äusserst wichtige Übergang liegt im dunkeln. Trotz des Fehlens zeitgenössischer Berichte liegt die Entwicklung der Dinge aber auf der Hand. Der Priester Georg, welcher seine Kenntnisse, wie wir gesehen haben, wohl geradeswegs von Byzanz her hatte, gab diese Kunstgeheimnisse zweifellos einigen Schülern weiter, und diese Schüler waren naturgemäss Mönche. Es darf nicht verwundern, dass schon die ersten abendländischen «Orgelbauer» geistlichen Standes waren, denn nur dieser Stand dürfte damals auf dem nötigen intellektuellen Niveau gestanden haben, um so komplizierte Dinge, wie beispielsweise das Herstellen und Abstimmen von Metallpfeifen, bewerkstelligen zu können. Diesen Männern dürfte die Versuchung gross geworden sein, dieses köstliche Instrument in den Dienst Gottes zu stellen. Allein so schnell und ohne Umwege sollte dies nicht möglich werden! Wir kennen bereits die allgemeine Geringschätzung, ja das Misstrauen der Kirchenväter gegenüber jeglicher Instrumentalmusik. Dann ist festzuhalten, dass nach dem heutigen Stand unseres Wissens keinerlei päpstliche Beschlüsse vorliegen, die Orgel als Kircheninstrument offiziell einzuführen. Die Orgel hat sich somit gewissermassen selbst eingeschlichen und wird erst im 14. Jahrhundert ein geweihtes Kircheninstrument. Die kirchliche Autorität sah dem Eindringen der Orgel nur mit Argwohn zu. Anders lautende Berichte sind ohne wissenschaftlichen Wert, wie etwa der um 1480 geschriebene Bericht Platinas, des Bibliothekars von Papst Sixtus IV. (1471–1484), Papst Vitalian (657–672) habe die Orgel im Gottesdienst eingeführt. Bedeutsam ist hingegen die Tatsache, dass sich Papst Johannes VIII. (872–882) von Erzbischof Hanno von Freising in Bayern im Jahre 873 eine gute Orgel samt einem Organisten erbat, zum Zwecke des Musikunterrichtes in Rom. Damit werden nämlich zweierlei «Umwege» der Orgeleinführung in die Kirche klar. Der erste Umweg ist geographischer Art: Die Schüler Priester Georgs und ihre Nachfolger verbreiteten den Orgelbau zwar erstaunlich rasch, jedoch zunächst offensichtlich nur *nördlich* der Alpen, das heisst weit weg von Rom und dessen instrumentenfeindlichen Kirchenautoritäten. Nur so ist erklärlich, weshalb Johannes VIII. sich seine Orgel nicht in Italien beschaffen konnte, sondern sich derart weit weg darum bemühen musste, und dass in Italien nicht einmal eine «Bedienungsmannschaft» aufzutreiben war. Der zweite Umweg ist psychologischer Art: Die Orgel wird zwar in Ehren angenommen, aber (noch) nicht als Kircheninstrument, sondern für pädagogische Zwecke, für den Musikunterricht, wo die Orgel natürlich für zahlreiche Dinge, wie Intervallenlehre, Tonleitern usw., hervorragende Dienste leisten konnte.

Gegen 900 tauchen die ersten Pfeifenmensurentraktate, also «Orgelbaurezepte», auf, aber noch keine schriftlichen Zeugnisse für die Verwendung der Orgel im Gottesdienst. Diese setzen erst mit dem beginnenden 10. Jahrhundert ein, bezeichnenderweise zunächst nur für Klosterkirchen, die Wirkungsstätten der orgelbauenden Mönche.

915 stiftete Graf Atton auf dem Hügel Canusina ein Kloster zu Ehren des heiligen Apollonius und schenkte der Kirche zugleich auch goldene und silberne Kelche sowie eine Orgel.

992 werden in der Chronik «Leben des heiligen Oswald» folgende Ereignisse geschildert:

«Zu Ehren Gottes und des heiligen Benedikt und zur Zierde der Kirche... verschaffte er sich auch dreissig Pfund Kupfer zur Herstellung von Orgelpfeifen, welche mit ihren Fussspitzen in dicht gedrängten Reihen auf den entsprechenden Bohrlöchern stehen und an den Festtagen – vom starken Atem der Bälge getrieben – eine bezaubernd süsse Melodie und einen weithin hörbaren Klang von sich geben.»

In der gleichen Epoche schenkte der englische St. Dunstan (924–988), der spätere Erzbischof von Canterbury, dem Kloster Malmesbury eine Orgel. Eine bronzene Tafel trug folgende Widmungsverse:

Organa de sancto praesul Dunstanus Adelmo.

Perdat hic aeternum qui vult hinc tollere regnum.

«Diese Orgel (baute) der Vorsteher Dunstan zu Ehren des heiligen Aldhelm. Möge jeder das ewige Reich verlieren, der sie von hier wieder wegnehmen will!»

Dunstan, immerhin ein Heiliger, verflucht also jeden, der sich an der von ihm gestifteten Kirchenorgel vergreifen sollte. Nicht von ungefähr widmete der selber musizierende Stifter sein Werk dem Andenken des heiligen Aldhelm (640–709). Dieser ebenfalls sehr musikliebende Landsmann Dunstans erwähnte in seinen Schriften die Orgel mehrfach mit höchst schmeichelhaften Worten. Man weiss nicht, woher Aldhelm seine Orgelkenntnisse hatte. Dreierlei Möglichkeiten stehen offen: Entweder hatte er auf seinen Reisen in den Osten selbst eine Orgel gehört, oder er hatte von Reisenden aus Konstantinopel oder dem Orient darüber erzählen hören, oder aber die Orgel war in England bereits seit der Mitte des 7. Jahrhunderts bekannt, also hundert Jahre vor dem Geschenk Konstantins an Pippin. Diese letzte Möglichkeit kann durch keinerlei Dokumente belegt werden, bleibt aber offen, da der direkte Seeweg von Byzanz nach England ja nicht unbekannt war. Wie dem auch immer sei, die Liebe zur Orgel war in England mächtig. Um 950 entstand in der St.-Peters-Kirche zu Wincester ein monumentales Orgelwerk mit 10 Pfeifenreihen zu 40 Tönen, also insgesamt 400 Pfeifen. Zum Spielen waren zwei Organisten nötig, zum Betätigen der 26 Blasebälge 70 starke Männer. Wincester war aber ein Ausnahmefall; alle übrigen bekannten Orgeln der Zeit waren wesentlich kleiner.

Nicht offiziell, sondern auf heimliche Weise und weit weg von Rom schlich sich die Orgel in die christliche Kirche ein, nachdem sie elfhundert Jahre lang weltliches Freiluftinstrument und Prunkstück höfischen Zeremoniells gewesen war. Sie sollte sich nun fortan so sehr zum christlichen Gottesdienstinstrument entwickeln, dass von ihrer weltlichen Weiterexistenz bis in unsere Tage hinein oft kaum Notiz genommen wird.

Die Ausbreitung der Kirchenorgel

Als erstes Land auf dem Kontinent folgt Frankreich dem Beispiel Englands. Ein Brief des Abtes Gerbert der Abtei von Bobbio im Südwesten Piacenzas an einen Mönch Bernhard zeigt, dass damals ein Orgelbauer Constantius in der Abtei von Fleury (Saint-Benoît-sur-Loire) tätig war. Dieser Abt Gerbert, kein Geringerer als der spätere Erzbischof von Reims (992) und nachmalige Papst Silvester II. (999–1003), hatte sich auch persönlich mit dem Orgelbau befasst. Noch als Abt von Bobbio hatte er versprochen, dem Kloster seiner Heimat in Aurillac (Auvergne) eine Orgel zu bauen oder zu verschaffen. Dreimal wurde er an sein Versprechen erinnert, zunächst von Abt Gerald, dann von dessen Nachfolger Raymond. Verschiedene Umstände hinderten Gerbert, die «in Italien liegende Orgel» zu liefern. Ob es je dazu gekommen ist, wissen wir nicht. Woher kannte Gerbert dieses ungewöhnliche Handwerk? Entweder von Aurillac her, wo er studierte, oder aber von den Arabern in Spanien. Er machte dort nämlich einen langen Studienaufenthalt, wahrscheinlich in Córdoba, wo damals der Kalif Al-Hakam II. residierte. Nach dem Chronisten Malmesbury kannte Gerbert die Schriften Herons und versuchte hierauf mit Erfolg, eine Wasserorgel nachzubauen. Sein Werk war noch in der ersten Hälfte des 12. Jahrhunderts in der Kathedrale von Reims zu sehen, offenbar hielt man es für der Kirche würdig. Leider sind die Dokumente über die Verbreitung der Orgel in Westeuropa im 10. und 11. Jahrhundert nicht zahlreich, zudem bis ins 14. Jahrhundert hinein oft sehr zweifelhaft und unzuverlässig. Ihr Wert liegt mehr darin, dass sie zeigen, wie die *Idee* der Orgel als Kircheninstrument immer mehr um sich greift. Häufig handelt es sich aber um bildhafte Ausdrucksweisen, falsch verstandene biblische Formulierungen und Psalmworte, nicht um konkrete Beweise der Existenz einer Orgel. Als Beispiel möge Psalm 137 dienen, die bekannte Wehklage der gefangenen Kinder Gottes an den Wasserflüssen Babylons: «in salicibus in medio

ejus suspendimus organa nostra» übersetzte schon Luther sinngemäss richtig «unsere Harfen hingen wir an die Weiden, die daselbst sind». In einer Miniatur der Handschrift Bibliothèque Nationale Paris Nr. 11560 hingegen wird diese Stelle wörtlich genommen: eine reich gekleidete Figur ist im Begriff, eine Orgel an einen Baum zu hängen (11).
So sind denn Hinweise aus dem 12. Jahrhundert, wonach Augsburg schon um 800 eine Orgel besessen habe, oder das Gedicht Strabos, wonach beim Besuch Karls des Kahlen in Reichenau im Jahre 829 eine Orgel gespielt habe, mit grösster Vorsicht aufzunehmen. Als gesichert gelten dürfen hingegen die Orgelbauten im Kloster St. Ulrich zu Augsburg durch Abt Adalbert (1060), im Kloster Weltenburg in Bayern als Geschenk des Priesters Dietrich (1077) und im Kloster Cava bei Salerno (1092). Im 12. Jahrhundert mehren sich die Orgelbaunachrichten. Auch die Kirchenorgel bleibt nicht von Wanderschaften verschont: Im Jahre 1134 verlor die Abtei von Lobbes ihre Orgel, weil sie der Bischof von Arras in seine eigene Kirche übersiedeln liess. Im 13. Jahrhundert wetteifern alle grossen Kirchen Europas um Orgelneubauten oder Vergrösserungen der schon bestehenden Instrumente: 1226 Erfurt, 1230 Bonn, 1255 Prag, 1256 Exeter, 1259 Barcelona, 1292 Strassburg, 1299 Paris, 1303 Basel. Nun scheint die Orgel endlich als der Kirche würdiges Instrument allgemein anerkannt zu werden. So schreibt der spanische Franziskanermönch Gilles de Zamora: «Besonders gutbefunden ist das Instrument mit den vielen Pfeifen, wofür Bälge benötigt werden. Die Kirche benützt nur dieses eine Musikinstrument für die verschiedenen Gesänge, Prosen, Sequenzen und Hymnen. Wegen des Missbrauches durch die fahrenden Spielleute sind alle andern Instrumente ausgeschlossen worden.» Selbst Thomas von Aquino (1225–1274), einer der bedeutendsten Theologen und Philosophen des Mittelalters, lobt die Orgel, weil sie «die Seelen zur Höhe führt».
Gegen 1300 steht die Orgel in den meisten grossen Stadtkirchen und in ungezählten Klosterkirchen; von grossen Geistern ist sie als besonders geeignetes Gottesdienstinstrument anerkannt. De facto ist die Orgel damit als Kircheninstrument eingeführt, nicht aber de iure. Während das Konzil von Mailand (1287) die Orgel als einziges Gottesdienstinstrument zugelassen hatte, beschloss zum Beispiel das Generalkapitel zu Ferrara (1290), das Orgelspiel während des Gottesdienstes zu verbieten. Einige Städte verweigerten indessen den entsprechenden Gehorsam. So scheint die Zulassung oder Verwerfung der Orgel oder ihres Spieles von Land zu Land verschieden gewesen zu sein, da eine offizielle Einführung von Rom her nach wie vor ausblieb.

Die technische und musikalische Entwicklung der Orgel im Spätmittelalter

Die Zeit vom 13. bis 15. Jahrhundert brachte eine Anzahl grundsätzlicher Neuerungen im Orgelbau, welche für die Geschichte des Instrumentes entscheidend wurden:

- die Erfindung des Wellenbrettes
- das Abrücken von der starren Pfeifenmensur
- den Beginn des Pedalspieles
- die Anfänge der Mehrmanualigkeit
- die Wiederentdeckung der Registratur
- den Gehäusebau und die Prospektausgestaltung

Alle diese neuen Errungenschaften stehen in einem gewissen Zusammenhang, sie bedingen und beeinflussen sich gegenseitig. Ihre Gesamtheit führte zur Möglichkeit, unvergleichlich grössere Instrumente zu bauen als bisher.

a) Wohl sprach man seit eh und je von grösseren und kleineren Orgeln, doch waren, mit heutigen Massstäben gemessen, alle Instrumente von der Antike weg bis zum Hochmittelalter verhältnismässig kleinen Ausmasses. Ausnahmen bildeten nur die arabischen Signalinstrumente des Muristos sowie das vereinzelt dastehende Werk des Bischofs Elphegus in Wincester um 950. Während die ersteren keine eigentlichen Orgeln im Sinne der Definition sind, zeigt gerade das Beispiel von Wincester die Grenzen und enormen Schwierigkeiten beim damaligen Monumentalorgelbau: Weil ein geeigneter Übertragungsmechanismus noch fehlte und die «Tasten» deshalb über die ganze Orgelbreite zerstreut unmittelbar unter den entsprechenden Pfeifen liegen mussten, waren für die Bedienung der insgesamt 40 Tasten bereits zwei Organisten nötig, wobei einer die linke und der andere die rechte Hälfte betreute. Ganz neue Möglichkeiten eröffnete daher die Entwicklung des sogenannten *Wellenbrettes* zu Beginn des 14. Jahrhunderts. Dieses bisher fehlende Zwischenglied im Spielmechanismus erlaubte, wesentlich breitere Orgelwerke zu schaffen und gleichzeitig die Tasten zu einer «Klaviatur» in modernem Sinne in der Vorderfront zusammenzufassen. Fortan genügte auch für grösste Instrumente ein einziger Organist, da alle Tasten für ihn erreichbar wurden (21).

b) Die nun einsetzende Steigerung des Tastaturumfanges bedingte das Abrücken von der *starren Pfeifenmensur*. Bisher hatten alle Pfeifen eines Registers den gleichen Durchmesser, nur die Länge der Pfeifenkörper nahm entsprechend der Tonhöhe ab. Eine derart starre Mensur ist aber nur über zwei bis drei Oktaven Umfang möglich. Geht man darüber hinaus, so werden die tiefsten Pfeifen zu eng und die höchsten zu weit, um die beabsichtigten Töne sicher hervorzubringen. Diese Erkenntnis führte zur Abkehr von der starren Mensur, eine weitere Voraussetzung für die Entwicklung der Orgel in bisher unbekannte Grössenordnungen.

c) Über die Erfindung des *Pedals* wurde schon viel gestritten. Sicher hat Bernhard der Deutsche das Pedal um 1470 nicht erfunden, sondern höchstens von Deutschland nach seinem neuen Wirkungsort Venedig gebracht. Das Pedal ist aber in Italien schon vorher bekannt gewesen und gilt um 1480 als «allgemein üblich». Aber auch die Zuschreibung an den Brabanter Ludwig Valbeke (1318–1385) ist unsicher. Im Gegensatz zur Orgel als ganzem Instrument dürfte das Pedal nicht die Erfindung eines einzelnen darstellen. Da einige gotische Orgeln des 14. Jahrhunderts mit Sicher-

15 *Im Hochmittelalter war die «grosse Orgel» an die Wand verankert, das «Positiv» dagegen frei beweglich. Im Spätmittelalter wurde das Positiv fest in die Emporenbrüstung eingebaut. Durch den Zusammenbau der Klaviaturen der beiden «Werke» entstand die Mehrmanualigkeit der neueren Orgel.*

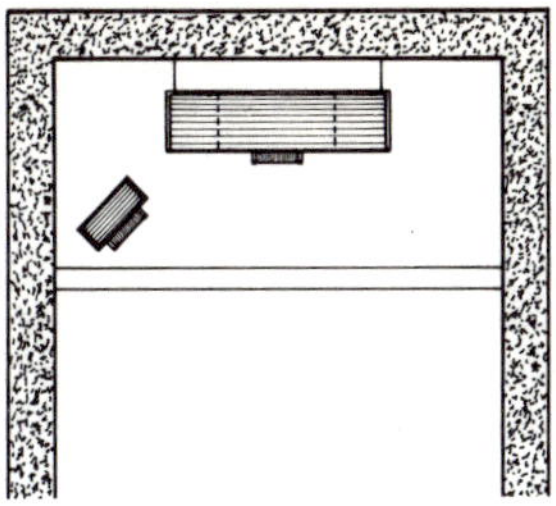

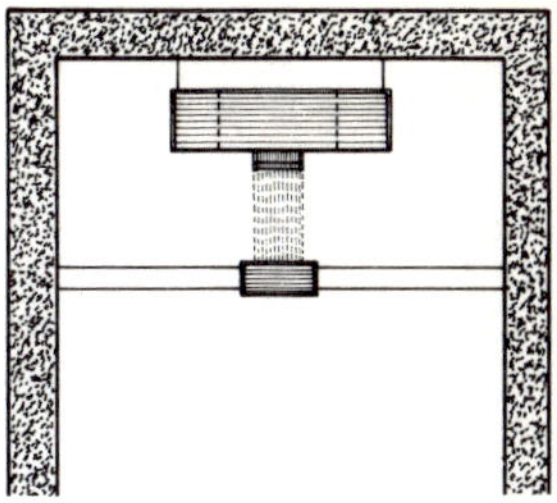

heit Pedale aufgewiesen haben, dürfte schliesslich doch die vage Angabe von Praetorius (1619) richtig sein, die Anfänge reichten vor 1300 zurück. Dabei sind drei verschiedene «Funktionsstufen» zu unterscheiden:
1. Schon früh erhielten die Orgeln einige tiefe *Bordunpfeifen* (11) für lange, liegenbleibende Noten im Bass (sogenannte «Orgelpunkte»). Diese Pfeifen wurden seit jeher nicht mit der Klaviatur gespielt, sondern durch separate Sperrventile links aussen ein- und ausgeschaltet. Die Verlegung dieser Einrichtung nach unten und deren Spielbarmachung mittels Pedaltasten liess beide Hände für das übrige Spiel frei und stellte eine erste Art «Pedalspiel» dar.
2. Sodann stellte das Pedal eine *Niederhaltevorrichtung* für die tiefsten Manualtasten dar, ebenfalls zum Zwecke von Orgelpunkten. Zunächst dienten hierzu überhaupt nur Schnüre, welche an den Tasten befestigt waren, mit Schlingen am untern Ende. Später wurden hiefür richtige Pedaltasten starr mit den entsprechenden Manualtasten verbunden. Noch Prätorius kennt viele Orgeln, deren Pedal keine eigenen Register besitzen, sondern einfach an das Hauptmanual angehängt sind. Die *Pedalkoppel* heisst denn auch folgerichtig bei ihrem anfänglichen Auftreten «separatio», Trennung.
3. Das *selbständige Pedal*, das sowohl eigene Tasten wie eigene Pfeifen besitzt und eine ganze Skala von C bis H (einschliesslich B, insgesamt 8 Tasten) umfasst, ist ebenfalls schon im 14. Jahrhundert bekannt bei den schwedischen Orgeln von Sundre und Norrlanda. Bereits zwölf Pedaltasten besassen die Orgeln von Santa Maria Novella in Florenz (1379) und des Domes von Halberstadt (1361/1495).
d) Die klassische Form der spätgotischen *Mehrmanualigkeit*, nämlich diejenige von Hauptwerk und Rückpositiv, stammt aus dem 15. Jahrhundert (16 und 28).
Es handelt sich dabei um den Zusammenbau zweier selbständiger Orgeln zu einem grossen Gesamtwerk. Im Verlaufe der Zeit hatten sich nämlich zwei Haupttypen von kirchlichen Orgelinstrumenten herausgebildet: die grosse Hauptorgel für das brausende Spiel und die kleine Chororgel für Begleitung des Choralgesanges. Die grosse Orgel war fest an einer Wand aufgebaut, die kleine dagegen frei irgendwo «hinstellbar» und hiess deshalb «Positiv» (von lateinisch ponere, hinstellen). Der Organist hatte somit je nach Aufgabe am einen oder andern Instrument zu spielen und musste hiezu seinen Platz wechseln. Um diese Umtriebe zu vermeiden, wurde nun das Positiv im Rücken des an der Hauptorgel spielenden Organisten fest in die Emporenbrüstung eingebaut als «Rückpositiv». Die Klaviatur des Positivs wurde dabei unter diejenige des «Hauptwerkes» versetzt und unter dem Boden hindurch mit dem Brüstungsinstrument verbunden. Nun konnte der Organist von seinem festen Platz aus wahlweise auf der kleinen oder grossen Orgel spielen (15). Die später hinzutretende *Manualkoppel* erlaubte, beide Werke gleichzeitig von einer einzigen Klaviatur aus zu spielen; sie ist genetisch betrachtet im Gegensatz zur Pedalkoppel nie «separatio» gewesen.
Diese eben beschriebene Form der Mehrmanualigkeit ist in die Zukunft weisend, wie wir bei der Betrachtung

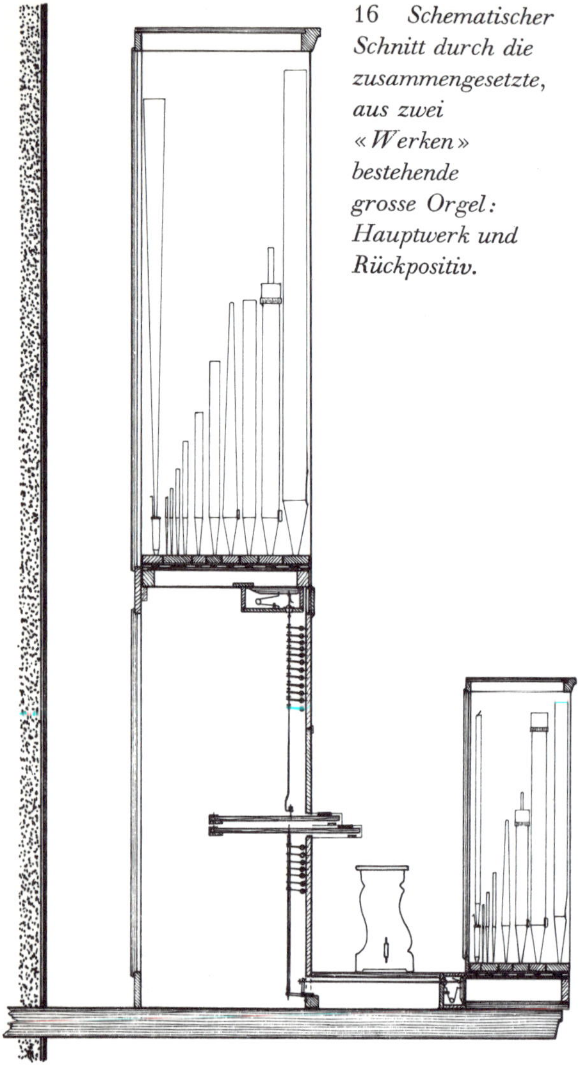

16 *Schematischer Schnitt durch die zusammengesetzte, aus zwei «Werken» bestehende grosse Orgel: Hauptwerk und Rückpositiv.*

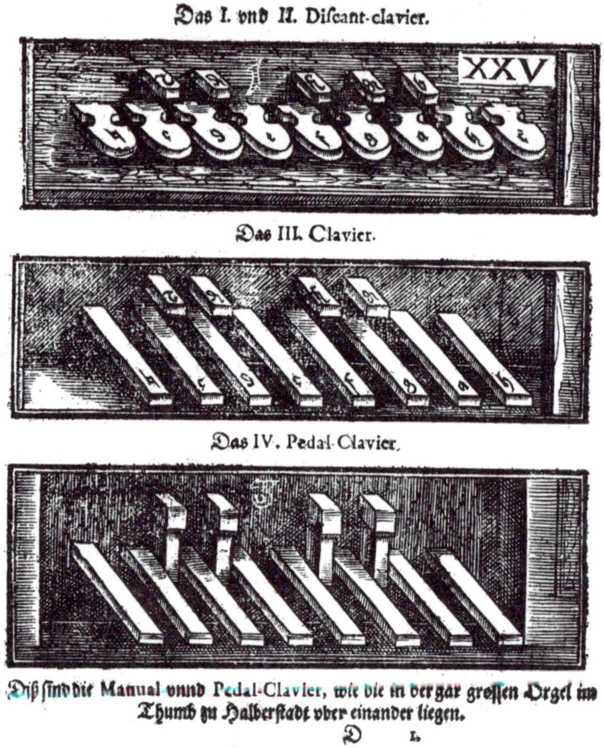

17 *Die beiden Diskantklaviaturen, Bassklaviatur und Pedalklaviatur der Orgel zu Halberstadt von 1361. (Nach Prätorius: «De Organographia», Wolfenbüttel 1619, Tafel XXV.)*

der Barockzeit sehen werden. Daneben gab es im Spätmittelalter eine rückwärts weisende Form einer gewissermassen «unechten» Mehrmanualigkeit, nämlich die Teilung in übereinander- statt nebeneinanderliegende Diskant- und Bassmanuale (Halberstadt, 1361). Wir denken dabei zurück an den Diskant- und Bassorganisten von Wincester, deren Klaviaturen nunmehr zur Bedienung durch einen einzigen Spieler unmittelbar übereinander angeordnet erscheinen (17).

e) Die antike Orgel kannte durchaus verschiedene Klangfarben, welche einzeln oder zusammen gespielt werden konnten. Eine entscheidende Änderung der mittelalterlichen Orgel war der Verlust der *Registriermöglichkeit*. Es wurden nicht nur ausschliesslich gleichartige Pfeifenreihen gebaut (Principale), sondern man konnte stets nur das volle Werk spielen, da die einzelnen Reihen nicht getrennt einschaltbar waren. Diese Orgeln erhielten deshalb später die Bezeichnung «Blockwerke» oder «Mixturorgeln». Erst im Spätmittelalter kam man erneut auf die Idee, einzelne Pfeifenreihen vom Blockwerk abzuspalten und separat spielbar zu machen, wofür zunächst eigene Klaviaturen nötig waren (Halberstadt, 1361) (17). Erst dieses «Abziehen» von Einzelregistern (ein Fachausdruck der Zeit) spornte dazu an, nun wieder möglichst verschiedenartige Pfeifenformen und Klangfarben zu suchen. Diese Entwicklung dauerte bis tief ins 16., ja 17. Jahrhundert hinein.

f) Eine letzte Neuerung des spätmittelalterlichen Orgelbaues war das Umkleiden der Orgeln mit hölzernen *Gehäusen* und die Ausbildung einer besonders sorgfältig und aufwendig gestalteten *Schauseite* (Prospekt) des Instrumentes. Weder die antike noch die frühmittelalterliche Orgel kannten das ringsum geschlossene Gehäuse. Auch die Orgel des Theophilus im 11. Jahrhundert besass kein Gehäuse, hingegen eine zeltförmige Schutzkonstruktion aus Stoff und Holzlatten, welche im Ruhezustand das ganz Werk bedeckte und vor dem Spiel mittels einer Seilrolle hochgezogen wurde. Solche Staubhauben waren in Frankreich noch bis ins 14. Jahrhundert bekannt (1381 Troyes, 1387 Rouen). Die hölzernen Gehäuse waren zunächst also offensichtlich als blosser Schutz für das Pfeifenwerk gedacht. Die Vorderseite des Kastens konnte dabei offen sein oder aber mit Flügeltüren ebenfalls verschlossen werden. Aber sehr rasch dürfte der Gedanke gekommen sein, diese nüchternen Schutzbauten künstlerisch auszugestalten. So entstanden bald wahre Schatzkästlein mit Heiligenbildern auf den Flügeltüren. Die Orgel erhielt dadurch etwas Schreinhaftes und wurde zum Gegenstück des gotischen Schnitzaltars. Gleichzeitig liess man natürlich auch der vordersten Pfeifenreihe (vox principalis) eine besondere Behandlung zukommen. – Akustische Betrachtungen zum Orgelgehäuse wurden erst in jüngster Zeit angestellt, während man im späten 19. und frühen 20. Jahrhundert oft auf Gehäuse verzichtet hatte.

Die Orgelkrise zur Reformationszeit

Mitten auf diese unvergleichliche Blütezeit des spätmittelalterlichen Orgelbaues fiel der Reif der Reformation. Das Schicksal der Orgel stand zwar beileibe nicht im Zentrum des Geschehens, war doch schon die Zulässigkeit der Musik überhaupt im Gottesdienst ein sekundärer Streitpunkt. Während die katholische Kirche den Gebrauch der Orgeln weitgehend unverändert weiterführte, war die Stellungnahme der verschiedenen Reformatoren unterschiedlich.

Martin Luther (1483–1546) war zweifellos der sangesfreudigste unter den grossen Reformatoren. Er betrachtete die Musik als eine Gabe Gottes, bekannte er doch «in summa: die edle musica ist nach Gottes Wort der höchste Schatz auf Erden». Freilich könne auch diese Gabe, wie alle andern, missbraucht werden in «fleischlichen Buhlliedern». In der Deutschen Messe von 1526 sagte er, um der Übung im Worte Gottes willen «muss man lesen, singen, predigen, schreiben und dichten, und wo es hülflich und förderlich dazu wäre, wollte ich lassen mit allen Glocken dazu läuten und mit allen Orgeln pfeifen und alles klingen lassen, was klingen könnte». Kein Wunder also, dass er der Musik und auch der Orgel breiten Raum gewährte in seinem Gottesdienste. Im Jahre 1597 bekräftigte die Theologische Fakultät Wittenberg ausdrücklich den liturgischen Gebrauch der Orgel, da diese fähig sei, «die Gemüter der Menschen zu bewegen». Einzige Bedingung war, «dass man weiss, es wären geistliche Lieder, die zu Gottes Lob gemacht sind», selbst wenn «man nicht in specie vernimmt, was es für Lieder sein mögen». Gemeint sind damit wohl freie Orgelstücke ohne erkennbaren choralgebundenen Cantus firmus.

Jean Calvin (1509–1564) war ein unkünstlerischer Mensch ohne persönliche Beziehung zur Musik. Er anerkannte aber deren psychologische Macht und Wirkung auf viele Menschen. Die Instrumentalmusik und damit auch die Orgel fand bei ihm keine Gnade, aber er suchte nach einem gesungenen Bibelwort, das er schliesslich in den Psalmen fand. Zusammen mit Guillaume Farel (1489–1565) verlangte er im Jahre 1537 vom Stadtrat in Genf, man müsse im Gottesdienst Psalmen singen, «afin que les coeurs soient émus et incités». So wurde Calvin zum grossen, systematischen Förderer des Psalmensingens. Für den gottesdienstlichen Gebrauch kam nur der schlichte *einstimmige* Gesang in Frage. Um aber die sündliche Musik, welche das Böse schürte, auch ausserhalb der Kirche zu bekämpfen, empfahl er für Haus und Feld («ès maisons et champs») den *mehrstimmigen* Psalmengesang. So entstand aus dem einstimmigen Calvinpsalter der vierstimmige Hugenottenpsalter. – Instrumentalmusik und Orgelmusik blieben aber weiterhin völlig ausgeschlossen. Erst im Jahre 1756 erklang in der Kathedrale St-Pierre zu Genf wiederum eine Orgel.

Huldrych Zwingli (1484–1531) war selber ein grosser Musikliebhaber und spielte viele Instrumente. Bei ihm stand aber die Wortverkündigung und der reine Predigtgottesdienst dermassen im Vordergrund, dass er zunächst keinerlei Möglichkeiten für die Musik in seinem Gottesdienst sah. Im Jahre 1524 wurde auf seine Empfehlung hin vom Rat der Stadt Zürich nicht nur das Orgelspiel verboten, sondern auch der Gesang unterbunden. Während zugleich auch die Bilder entfernt und vernichtet wurden, blieben die Orgeln noch drei Jahre unbenützt stehen; sie wurden erst 1527 endgültig abgebrochen, also unabhängig vom Bildersturm. Zwingli fiel bekanntlich in der Schlacht von Kappel (1531) und konnte sein reformatorisches Werk deshalb nicht abrunden. Eine endgültige Stellungnahme zum Problem der Kirchenmusik fehlt, doch wäre vermutlich das Verdikt über die kirchliche Instrumentalmusik erhalten geblieben. – Der einstimmige Kirchengesang wurde erst 1598 eingeführt; der vierstimmige A-cappella-Gesang war noch 1641 verboten, aber im 18. Jahrhundert dann der Stolz der reformierten Zürcher Kirche. Die erste nachreformatorische Orgel im Grossmünster, der Wirkungsstätte Zwinglis, wurde erst im Jahre 1876 erbaut.

Besonders bemerkenswert ist, wie sich hier in zeitlich und örtlich geraffter Form ein ähnlicher Kampf um die Einführung der Orgel im Gottesdienst abspielte, wie dies im frühen Mittelalter im Abendland schlechthin der Fall war. Das Eindringen der Orgel vollzog sich zunächst weit weg vom kirchlichen «Hauptort» und natürlich ohne Genehmigung der entsprechenden

18 *Die Wasserorgel nach der frisch beschwingten Federzeichnung des berühmten Utrechter Psalters (fol. 83r). Die in der Gegend von Reims, aber unter byzantinischem Einfluss im 9. Jahrhundert entstandene Handschrift zeigt eine Doppelorgel mit zwei Organisten. Wir denken dabei unwillkürlich an die Beschreibung der Orgel von St. Peter in Winchester aus dem Jahre 951. Die Gebläseanlagen mit den Kalkanten sind sehr deutlich sichtbar, das Pfeifenwerk dagegen scheint sehr degeneriert. In spätantiker Weise spielen «Blechbläser» zur Orgel, nicht das sonst im Mittelalter übliche Glockenspiel (cymbalum).*

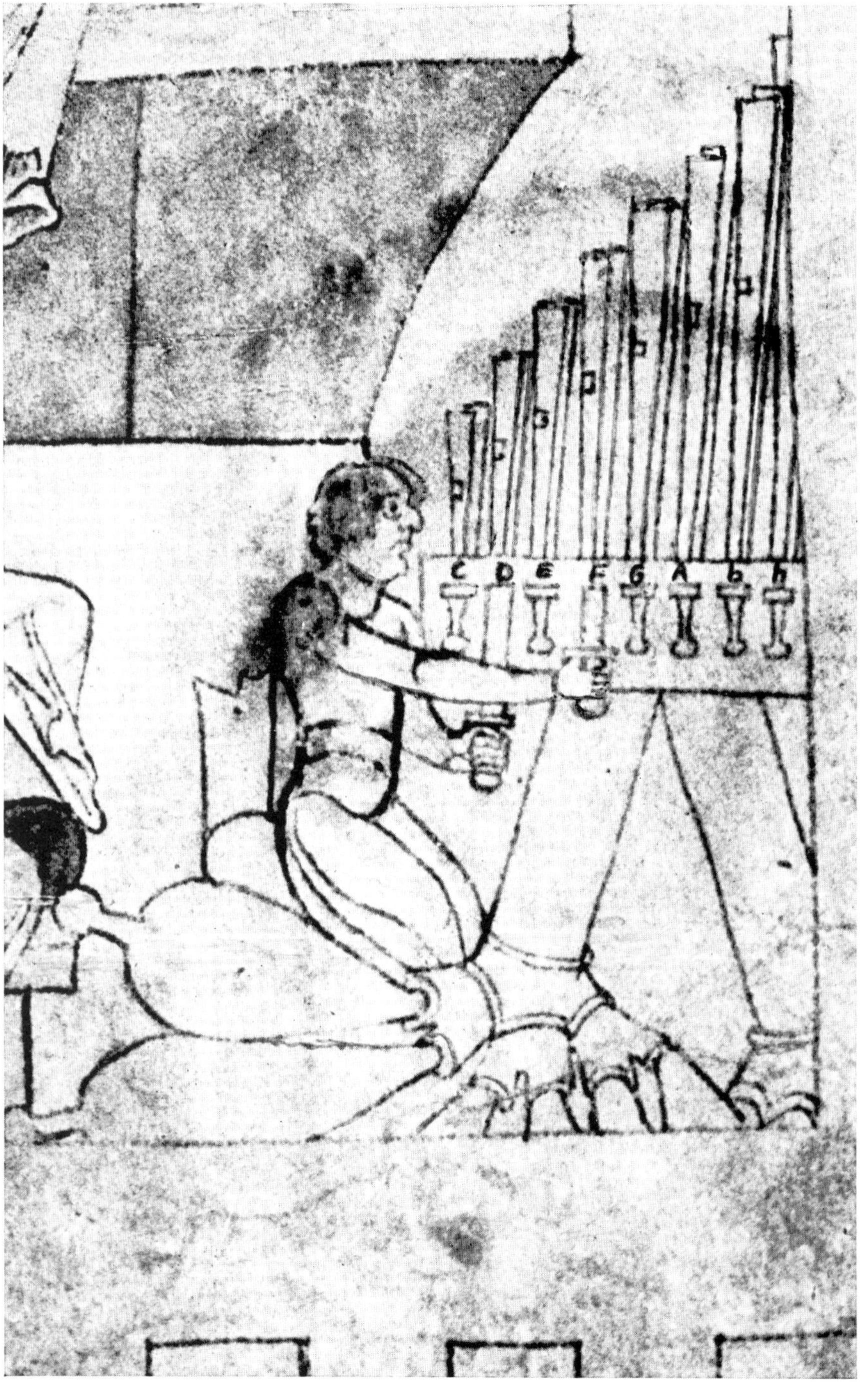

19 *Eine Miniatur in der Bibel des Etienne Harding (Bibliothèque publique de Dijon, ms. 14, fol. 13V) zeigt mit der wünschbaren Deutlichkeit die Spielart der mittelalterlichen Kirchenorgel: das Herausziehen und Hineinstossen der einzelnen Tonschieber, deren Handgriffe sich erst später zu den Tasten einer Klaviatur wandeln. Die einzelnen Töne sind angeschrieben, doch widersprechen sich die Pfeifenlängen und die Tonbuchstaben. Die zahlreichen Blasebälge vereinigen sich in zwei conflatoria und führen den Wind in zwei Kanälen zur Windlade.*

20 *Das Musée de Cluny besitzt eine Folge von sechs um 1500 entstandenen Bildteppichen: «les tapisseries de la dame à la licorne». Der mit «l'ouïe» bezeichnete Teppich zeigt zwei Damen am Tischpositiv. Hier ist der Übergang zur heute üblichen «Taste» bereits eindeutig vollzogen.* ▶

21 *Ansichtskizze einer gotischen Kirchenorgel von Henri Arnaut de Zwolle, um 1440 datiert. Der Klaviaturumfang reicht von H bis f''. Von grosser Wichtigkeit war die Erfindung des sogenannten «Wellenbrettes», das die Übersetzung der engen «Klaviaturteilung» auf die weiträumigere «Pfeifenteilung» oder «Windladenteilung» ermöglichte.*
Bibliothèque Nationale Paris, ms. latin 7295, fol. 131.

22 *Beispiel der altitalienischen Orgel: Florenz, Basilica della SS. Annunziata. Das Werk stammt aus dem Jahre 1523 vom Orgelmacher Domenico di Lorenzo von Lucca und wurde 1773 von F. Buonfiglio Vambrè erneuert. Das Gehäuse lieferte Giovanni d'Alesso. Die altitalienische Orgel ist grundsätzlich einmanualig, das Pedal ist wenig entwickelt. Die erhöhten Pfeifenfelder sind durchwegs stumm.* ▶

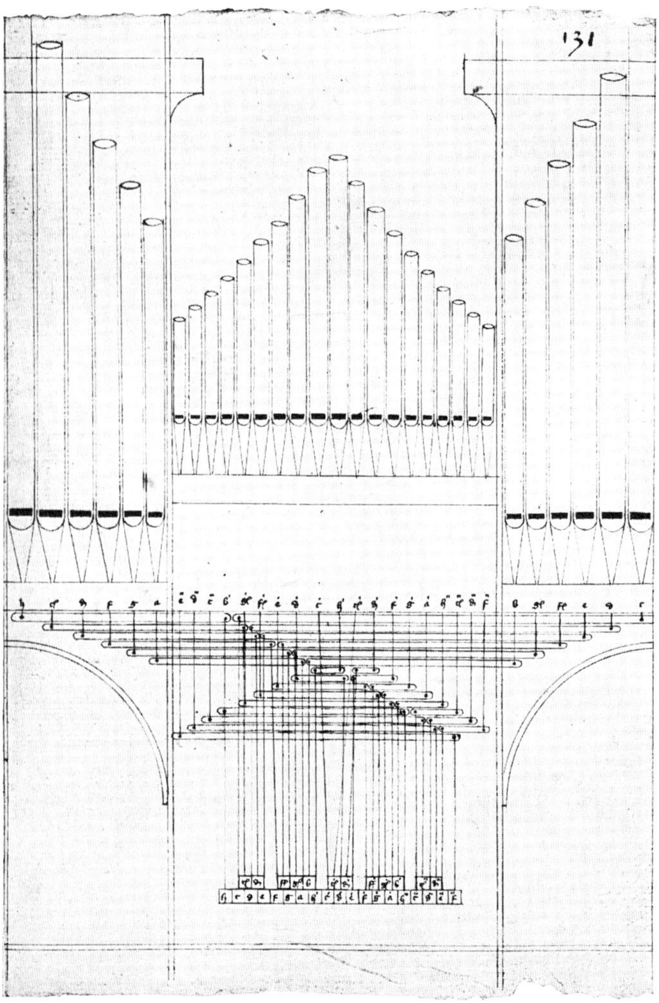

◀ 23 *Die auffallendste Besonderheit der spanischen Orgeln sind neben der eigentümlichen Aufstellung im Raum die horizontalen Zungenregister im Prospekt. Unser Bild zeigt die Epistelorgel der Kathedrale von Toledo aus dem Jahre 1758. Oben die langen Schallbecher der Trompeten, über dem Spieltisch die kürzeren, regalartigen Zungenregister. Das I. Manual gehört zum Schwellwerk im Unterbau, das II. Manual zum Hauptwerk mit den horizontalen Zungen, das III. Manual zum hier nicht sichtbaren Hinterwerk, das (ebenfalls mit einem horizontalen Zungenchor) in das Seitenschiff hinaus klingt. Alle Register sind in Bass und Diskant geteilt.*
Das Orgelwerk stammt von Don Pedro de Liborna Echevarria, das Gehäuse von German Lopez, die Vergoldungen von Meister Prospero Martolo aus Madrid.

24 *Der Orgelbau im alten Herzogtum Brabant zeichnet sich durch die beginnende Werkgliederung aus. Das grosse Hauptgehäuse umfasst übereinandergestellt das Hauptwerk und das Oberwerk, beidseitig flankiert vom Pedalwerk mit den grössten Pfeifen. In die Emporenbrüstung eingebaut das Rückpositiv im separaten Gehäuse. Kirche St. Jan in s'Hertogenbosch, Orgel von Florentius Hocque, erbaut 1617–1635, Gehäuse von Frans Simons und Georg Schysler.*

25 *Die klassisch-französische Orgel ist stark vom Brabanter Orgelbau geprägt. Sie scheidet ebenfalls das Rückpositiv aus und umfasst alle übrigen Werke mit einem grossen Hauptgehäuse. Orgel von St-Etienne du Mont, Paris, aus dem Jahre 1636 von Pierre le Pecheur.*

Autoritäten. Schliesslich zog das heimliche Geschehen immer engere Kreise und wurde stillschweigend toleriert. Zu einem Beschluss, die Orgel (wieder) einzuführen, konnte man sich aber weder da noch dort je durchringen. Die Orgel hat sich selbst eingeschlichen und sich mit der Zeit ein nunmehr unbestrittenes Gewohnheitsrecht erworben. Selbst der Umweg über pädagogische Zielsetzungen fand seine Neuauflage: in mehr als einem Fall ist nachgewiesen, dass zwar eine Orgel in der Kirche stand, aber während des Gottesdienstes geschlossen bleiben musste. Sie diente nur zum Einüben der Lieder für die Jugend.

Die Ausbildung der nationalen Schulen vom 16. bis 18. Jahrhundert

Bis zum Ausgang des Mittelalters war der Orgelbau international geprägt und in der ganzen Alten Welt gleichwertig. Erst mit Anbruch der Neuzeit begannen sich gewisse festumrissene nationale Schulen oder «Orgellandschaften» herauszubilden und abzusondern. Je isolierter die Staaten geographisch waren, umso grösser wurden auch die Unterschiede im Orgelbau. Deshalb sind die stilistischen Eigenheiten besonders ausgeprägt in Italien, auf der Iberischen Halbinsel (Spanien/Portugal) und in England. Die europäischen Staaten nördlich der Alpen haben viel grössere gemeinsame Grenzen. Die Unterschiede zwischen dem Orgelbau in den Niederlanden, den skandinavischen Staaten, in Frankreich, Nord- und Süddeutschland sowie Österreich und den slawischen Randgebieten sind daher weniger scharf, vor allem gibt es durch die gegenseitige Beeinflussung unzählige «Mischtypen». Da die Zahl der erhaltenen Dokumente und Instrumente nach 1500 rasch ansteigt, versteht sich, dass wir nur das Grundsätzliche herausarbeiten und auf viele interessante Einzelfragen nicht eintreten können.

a) Italien. Die klassische altitalienische Orgel ist grundsätzlich einmanualig und besitzt ein rudimentäres Pedal, das praktisch nur für Orgelpunkte verwendbar ist und oft keine eigenen Pfeifen besitzt («angehängtes Pedal»). Sie entspricht somit etwa dem Orgelbaukörper von 1400, erfuhr aber bis ins 16. Jahrhundert hinein einige typische Änderungen. Vor allem ist das ursprüngliche Blockwerk durchgehend in einzelne Pfeifenreihen aufgespalten. Dies gilt selbst für die im Norden so beliebten Mixturen, welche hier ebenfalls in ihre Einzelreihen zerlegt und einzeln registrierbar sind. Der Gesamtklang dieser vielstöckig übereinandergelagerten Oktaven- und höheren Quintenreihen in Prinzipalmensuren heisst «ripieno». Er entspricht (nicht im Klang, aber registermässig) ungefähr einem deutschen Prinzipalplenum. Es fehlt ihm indessen die bisweilen schneidende Schärfe der deutschen Mixturen, da sich auch die kleinfüssigen Register nie bis zur Hörgrenze hinauf bewegen, sondern stets etwa beim c^5 in die untere Oktave zurückspringen.

26 *Die Stellung der Orgel in den spanischen Kathedralen weicht erheblich vom normalen Schema ab. Die grösstenteils doppelten Instrumente weisen oftmals zwei Fassaden mit horizontalen Zungenregistern auf, deren eine ins Seitenschiff hinaus blickt.*

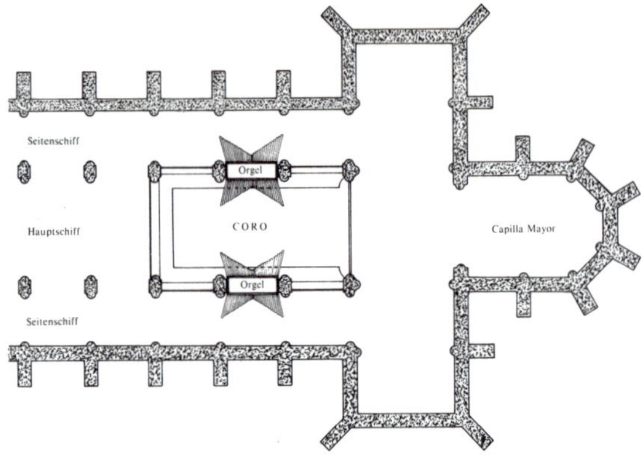

Die Pflege des Ripienoklanges war das Hauptanliegen der italienischen Orgelbauer. Daneben bauten sie nur noch etwa offene Flöten in 2'- und 4'-Lage ein sowie als sehr geschätzte Besonderheit ein «voce umana» genanntes zweites Prinzipalregister, das zum Hauptprinzipal in Schwebung gestimmt war. Weitere Register, wie Gedackte, Flöten, terzhaltige Aliquotmischungen (Kornett oder Sesquialter) und Zungenstimmen, waren nicht geschätzt und wurden praktisch nicht gebaut. Der Typ stand somit etwa um 1550 fertig abgeschlossen da und hielt sich samt den Renaissanceformen des Gehäuses mit den typischen Rundbogen- und Giebelmotiven bis tief ins 19. Jahrhundert hinein. Ebensolange hielt sich in Italien die Springlade, welche bald nach 1500 die vorher verwendete Schleiflade ablöste (22).

b) Spanien. Ursprünglich glich die spanische Orgel bezüglich Einmanualigkeit und Pedalausbildung sehr stark der italienischen. Vereinzelt gab es dann später gut ausgebaute Pedale (zum Beispiel um 1580 im Escorial Pedalumfang C-d^1), doch blieben sie in der Regel auf zwölf Töne und ein oder zwei Register beschränkt. Die übliche Schleiflade war stets chromatisch angelegt, mit einer konsequenten Registerteilung in Bass und Diskant bei c^1/cis^1. Trotzdem waren immer symmetrische Prospekte vorgeblendet, was natürlich erhebliche Komplikationen in der inneren Anlage mit sich brachte (Kondukten und Verführungen). Im Gegensatz zu Italien schätzte man nicht nur den Prinzipalchor (ripieno), sondern auch die Weitchor- und Farbregister (Flöten, Nazard, Kornett, vereinzelte Zungen). Die zwei auffallendsten Besonderheiten der iberischen Orgel sind indessen die horizontalen Zungenchöre im Prospekt sowie die Stellung der Orgel im Raum.

Die *horizontalen Zungen* («en chamade») sind in der Regel eine spätere Zutat aus dem 18. Jahrhundert. Sie umfassen beim normalen Ausbau vollbecherige Trompeten (8' und 4' durchgehend, 16' im Diskant und 2' im Bass) und kurzbecherige Regale (16' und 8') (23). Die klassische spanische Orgel steht nur in Pfarrkirchen auf der sonst üblichen Westempore, in den Abteikirchen und Kathedralen aber als *Zwillingsinstrument* im sogenannten *coro*, dem liturgischen Zentrum mitten in der Kirche, wo die Sänger und Domherren stehen. Den üblicherweise «Chor» genannten Teil der Kirche nennen die Spanier «capilla mayor»; er ist ohne grosse Bedeutung. Die beiden Orgeln des «coro» stehen längs zur Hauptrichtung der Kirche, über dem Chorgestühl aufgebaut, und weisen oftmals je zwei Prospektseiten mit Zungen «en chamade» auf: eine Seite blickt Richtung «coro», die andere ins Seitenschiff hinaus. Nur die «trompettería» vermag die Riesenräume der spanischen Kathedralen zu füllen, niemals die verhältnismässig schwach besetzten Labialwerke, welche eben nur den «Chordienst» zu versehen haben (26).

Seit dem 18. Jahrhundert wurden im Unterbau der Gehäuse oft Schwellwerke eingebaut. Die Gehäuse sind meistens ganz vergoldet oder zumindest bemalt.

c) England. Die englischen Kathedralen mit ihren riesigen Westwandfenstern waren für grosse Orgel-

27 *Schnitt durch die französische Orgel des 18. Jahrhunderts nach Dom Bédos de Celles. (L'art du facteur d'orgues, Paris 1766 ff., Tafel LII.)*

werke nicht geeignet. Im Jahre 1535 wurde König Heinrich VIII. (1509–1547) das erste Oberhaupt der jetzt von Rom losgelösten anglikanischen Staatskirche. Bis zur Klosteraufhebung (1536) kannte man ohnehin nur einmanualige Werke mit höchstens sechs Registern; nachher wurde das Instrument oft mit dem römischen Katholizismus identifiziert und verstossen. Unter Elisabeth I. (1558–1603) wurden vor allem Orgeln im Londoner Distrikt zerstört. Zur Zeit Cromwells machte sich vollends der puritanische Calvinismus breit: von 1642 bis 1660 war jegliche Orgelbenützung im Gottesdienst verboten. Erst nach der Restauration von 1660 wurden in den Kirchen und Kathedralen wieder Orgeln benötigt. Sie wurden meistens von eingewanderten kontinentalen Orgelbauern erstellt. 1720 erhielt die Orgel der Londoner St. Paul's Cathedral erstmals ein Pedal. Das Pedalspiel blieb in England aber bis weit ins 19. Jahrhundert hinein vereinzelt. Noch um 1810 herum besassen nur zwei einzige Domorgeln selbständige Pedalpfeifen. Die grosse englische Orgel des 18. Jahrhunderts umfasste drei Manualwerke: das Hauptwerk (great organ), das Positiv (chair organ oder choir organ) und das 1712 erstmals von Spanien importierte Schwellwerk (swell organ). Das Pedal bildete, falls überhaupt vorhanden, wie erwähnt kein eigenes Werk.

d) Das Festland nördlich der Alpen. Allgemein gilt, dass in der ersten Hälfte des 16. Jahrhunderts sehr rasch die Blockwerke zugunsten der Einzelregister verschwanden und gleichzeitig eine reichere Auswahl von Pfeifenformen zur Verfügung stand. Bahnbrechend wirkte dabei der noch mit Springladen arbeitende *Brabanter Orgelbau* der Familie Niehoff aus Herzogenbusch. Die niederländische Renaissanceorgel besteht aus einem grossen Hauptgehäuse und dem Rückpositiv. Das Hauptgehäuse umfasst das Hauptwerk mit aufgeteiltem Prinzipalchor, das Oberwerk mit aufgeteiltem Weitchor und Zungenstimmen, und das Pedal mit Bass- und Cantus-firmus-Registern. Im Rückpositiv sind die Registerfamilien vermischt vertreten (24). Die *französische Orgel* (25) umfasste seit dem 15. Jahrhundert Hauptwerk, Positiv und Pedal, letzteres aber meist nur in Bassfunktion. Die neuen Pfeifentypen, wie Flöten, Gedackte, Krummhorn, Trompete und Kornett, wurden sofort sehr beliebt. Diese Solostimmen wurden stets zahlreicher und in der Blütezeit der klassischen französischen Orgel (1650–1750) gleichmässig auf alle Manuale verteilt. Die Schleifenteilung wurde nicht konsequent durchgeführt wie in Spanien, doch ist sie deutlich spürbar: das Kornett ist stets ein fünffach besetztes Diskantregister; die Zungen Trompette und Cromhorne sind in den Werken der zeitgenössischen französischen Komponisten wenigstens ideell in Bass und Diskant getrennt («basse de cromhorne», «dessus de trompette» usw.).

Eine direkte Linie führt von der Brabanter Schule Niehoffs über die Orgelbauerfamilien Scherer, Fritsche und Schnitger zur ausgereiften *norddeutschen Orgel* des 17./18. Jahrhunderts. Als einer der ersten baute Gottfried Fritsche ab etwa 1630 die fünfwerkige klassische Orgel mit den typischen Oktavunterschieden der Prinzipalstimmen von Werk zu Werk:

1. Manual Rückpositiv 8′ oder 4′
   vermischte Registerfamilien
2. Manual Hauptwerk 16′ oder 8′
   ausgebauter Prinzipalchor und Register der Weitchorgruppe, etwa auch Zungen
3. Manual Oberwerk 8′ oder 4′
   Weitchorgruppe, klingende Zimbeln, vollbecherige Zungen
4. Manual Brustwerk 4′ oder 2′
   kurzbecherige Zungen, Gedackte, kleinfüssige Register
5. Pedalwerk 32′ oder 16′
   Bassregister, Cantus-firmus-Register, Zungen

Jedes «Werk» hat seine eigene Klaviatur und steht in einem eigenen, geschlossenen Gehäuse. Die Pedalwerke sind seit Scherer oft auch – wie das Rückpositiv – in die Emporenbrüstung vorgezogen. Dieser sogenannte *Werkaufbau* ist in der äusserlichen Prospektgestaltung genau nachgezeichnet und sofort ablesbar (33).

Im Süden und Osten Deutschlands ist dieses Werkprinzip weniger deutlich hervortretend. Dafür sind französische und italienische Einflüsse häufiger anzutreffen.

Das verrufene 19. Jahrhundert

Es liegt offenbar in der menschlichen Natur begründet, dass jede Generation die vorangegangene verwünscht. Auch die Orgelwelt macht hierin keine Ausnahme. Wir enthalten uns aber nach Möglichkeit auch hier einer Wertung und begnügen uns mit einer zusammenfassenden Schilderung der Geschehnisse.

Die musikalische Umwälzung. Der Orgelton ist an und für sich starr. Zweierlei Mittel, den Klang etwas zu beleben, fanden nun allgemein Eingang: der im Norden seit dem 17. Jahrhundert bekannte *Tremulant* und die im Süden seit dem 16. Jahrhundert beliebte *Schwebestimme*, nun allerdings durch enge Streicherstimmen statt Prinzipale gebildet. Die damit mögliche Belebung des Orgelklanges genügte freilich nicht: man wollte ihn dynamisch verändern, an- und abschwellen lassen. Hiezu waren wiederum zwei Einrichtungen geeignet, eine altbekannte und eine wirklich neuartige. Der bereits im 18. Jahrhundert besonders in Spanien sehr verbreitete Schwellkasten wurde in Frankreich unter Cavaillé-Coll und seinen Nachfolgern unter dem Namen «récit» ausgestaltet und wurde schliesslich zum grossen romantischen *Schwellwerk*, bei welchem der Ton durch Öffnen und Schliessen der Jalousien mittels Fusstrittes lauter und leiser gemacht werden kann. Neuartig war hingegen das *Registercrescendo*, ein Apparat, welcher – ebenfalls durch Fusstritt bedient – in festgelegter Reihenfolge neue Register hinzuzieht und so den Orgelklang beliebig rasch zum Fortissimo des «vollen Werkes» und durch schrittweises Abstossen der Register wiederum zurück zum zartesten Pianissimo wandeln kann. Die entscheidendste Wandlung des Klangbildes der Orgel war aber die Umgestaltung der Disposition und die veränderte Verteilung der Register auf die verschiedenen Manuale unter Preisgabe des überkommenen «Werkprinzipes». Die in normaler (äqualer) Tonlage erklingenden Register wurden zahlenmässig sehr verstärkt, wobei versucht wurde, das Instrumentarium des damals modernen (und älteren) *Orchesters* nachzuahmen mit Registern wie Viola da gamba, Englischhorn, Klarinette, Wienerflöte. Genau so hatte ja auch die Orgel des 16./17. Jahrhunderts versucht, mit damals neuen Pfeifenformen die Blasinstrumente des Renaissanceinstrumentariums nachzuahmen: Gemshorn, Krummhorn, Flageolet, Sordun, Rankett. Gleichzeitig entledigte man sich im 19. Jahrhundert der «kleinen Schreier», der kleinfüssigen Register und hochliegenden Mixturen, deren man überdrüssig geworden war. Die starke Tendenz zur *Grundtönigkeit* anstelle der jahrhundertealten Obertönigkeit der Orgel beschränkte sich nicht nur auf die Disposition, das heisst die Auswahl der Register, sondern auch auf die Intonation, die Klanggebung der einzelnen Pfeifen.

Das «Werkprinzip», das heisst das historisch gewordene Zusammenbauen verschiedener selbständiger Orgelwerke mit einem festumrissenen Aufbau und Charakter zu einer grossen Orgel, wobei jede Klaviatur einem dieser in sich geschlossenen Werke zugeordnet war, hatte seine Bedeutung allmählich verloren und machte einem neuen Ordnungsprinzip nach Stärkegraden («dynamisches Prinzip») Platz. Die früher typischen Oktavunterschiede zwischen den Werken (z.B. Hauptwerk Prinzipal 8′, Rückpositiv Prinzipal 4′, Brustwerk Prinzipal 2′) verschwanden zugunsten einer dynamisch abgestuften Äquallage (I. Manual Prinzipal 8′ forte,

II. Manual Lieblichprinzipal 8′ mezzoforte, III. Manual Geigenprinzipal 8′ piano). Dieser Abstufung folgten auch die andern Register.

Die technische Umwälzung. Nicht nur im musikalischen, sondern auch im technischen Bereich wurden im 19. Jahrhundert zum Teil jahrhundertealte Gewohnheiten aufgegeben. So wurde zunächst die seit dem 15./16. Jahrhundert im Gebrauch stehende Schleiflade durch die sogenannte *Kegellade* ersetzt. Die auf rein mechanischen Prinzipien aufgebaute Spieltraktur wurde zunächst durch eine Balgkonstruktion unterbrochen («pneumatischer Hebel»), gegen Ende des Jahrhunderts schliesslich durch ein vollständiges *pneumatisches System* verdrängt, das die Spielbewegungen nicht mehr mittels eines mechanischen Gestänges zur Pfeife übertrug, sondern mittels Druckluft. Hierzu waren natürlich wieder andere Windladenkonstruktionen notwendig *(Taschenladen, Membranenladen).* Die Anwendung der pneumatischen Steuerung für die Registerzüge eröffnete das Feld für vielerlei sogenannte *Spielhilfen*, Hilfszüge für den Organisten, welche oft von sehr zweifelhaftem Wert waren. Gegen das Jahrhundertende gerieten die Orgelbauer in einen wahren Erfindungstaumel – jeder angesehene Meister entwikkelte sein eigenes pneumatisches System und war stolz auf die Urkunden des Patentamtes.

Die gestalterische Umwälzung. Durch technische Neuentwicklungen absorbiert, wandelte sich der frühere Instrumentenbauer unmerklich zum Orgelfabrikanten, der sein Augenmerk nur noch der technischen und finanziellen Seite des Berufes widmete. Die musikalische Gestaltung wurde vertrauensvoll den als Experten amtierenden Organisten (Disposition) und den angestellten Spezialisten (Intonation) überlassen. Mit dem Aufgeben des Werkprinzipes zerbrach aber auch die Affinität von innerer Werkanlage und äusserer Erscheinungsform. Das Entwerfen des Prospektes wurde der Phantasie des Architekten überlassen, der Orgelbauer begnügte sich mit der Organisation des Innern. So wurde die vorderste «Schicht» der Orgel vom Werk abgetrennt und entwickelte sich beziehungslos nach völlig anderen Kriterien. Sie wurde damit zur oft nicht einmal mehr klingenden Attrappe. Nicht nur die Gehäuse verschwanden, sondern auch die Diskantfelder mit den kleinen Pfeifen (35). Das willkürliche Durcheinander von Windladen und sonstigen Apparaturen im Innern wurde durch die mehr oder minder malerisch gruppierten grossflächigen Pfeifenfelder des Prospektes verdeckt (31).

Das 20. Jahrhundert

Der Orgelbau unseres Jahrhunderts ist gekennzeichnet durch eine Rückbesinnung auf die Grundlagen des barocken Orgelbaues und durch den Streit über die Zweckmässigkeit einer solchen Rückbesinnung. Der Anstoss kam kurz nach der Jahrhundertwende von der musikalischen Seite her, indem man sich von den romantischen Charakterstücken weg wieder mehr der barocken Orgelmusik zuwandte, vorab ihrem grossen Vollender Johann Sebastian Bach. Als einer der ersten wies Albert Schweitzer (1906) darauf hin, dass die damals neueren Orgelwerke für die Wiedergabe solcher Musik schlecht geeignet seien. Die Beschäftigung mit den erhaltenen alten Instrumenten vorab im Raume Hamburg—Lübeck führte in den zwanziger Jahren zur sogenannten *Orgelbewegung*, welche sich für die Wiedererweckung der Gestaltungsprinzipien der Barockorgel einsetzte. Zunächst glaubte man, mit einigen Barockregistern oder einem «Barockmanual» einer grösseren Orgel zum Ziele zu kommen. Im Verlauf der Jahre musste man aber einsehen, dass sich viel zuviel gegenseitig bedingte, als dass man ungestraft mit derartigen Bruchstücken arbeiten konnte, welche niemals ein geschlossenes Ganzes ergeben konnten. Die durch die Orgelreform geprägte moderne Orgel weist deshalb nicht nur eine farbige und obertonreiche Disposition auf, sondern zu ihren unveräusserlichen Grundprinzipien zählen auch der Werkaufbau, die Schleiflade mit mechanischer Traktur und das geschlossene Gehäuse. Auch der Prospekt wird wieder «funktionell» gestaltet, da das schizoide Auseinanderklaffen von Innerem und Äusserem dem Werkaufbau widerspricht. Solche Instrumente sind unbestreitbar bestens geeignet für die Wiedergabe der Orgelmusik bis gegen 1850, also des überwältigenden Teiles der heutigen *Gottesdienstliteratur*. Sie müssen aber natürlich in analoger Weise bei der spätromantischen *Konzertliteratur* versagen, wie die Orgel von 1900 für die authentische Wiedergabe Bachscher Werke versagte.

Hier setzt die Kritik der Gegner der Orgelbewegung ein. Sie wird vor allem vom Berufsorganisten virtuosen Typs vorangetragen, der freilich gegenüber dem bescheideneren Spieler den nicht geringen Vorzug hat, dass er diese technisch anspruchsvolle Literatur gegebenenfalls auch wirklich spielen kann. Die Idealorgel dieser Richtung entledigt sich gerne der heilsamen Zwangsjacke der Werkprinzipidee, hält in jedem Manual ein Gemisch von Registern unterschiedlichsten Stiles bereit und ermöglicht dank der *elektrischen Traktur* ein Höchstangebot von Koppeln und sonstigen Spielhilfen.

Die Auseinandersetzungen zwischen diesen beiden Hauptrichtungen und ihren vielen Nebenschattierungen werden leider oft mit geringer Sachkenntnis, dafür mit umso grösserem ideologischem Eifer geführt, wobei sich beiderseits deutlich ein Zerschwatzen und ein ungesundes Vermischen ethischer und ästhetischer Urteile zeigt. Statt sich auf die Lösung von Sachfragen zu konzentrieren, wirft man der einen Seite gerne «musikalische Impotenz» vor, der andern Seite «ungenügende kirchliche Einstellung». Jedenfalls kann heute nicht von stilistischer Einheitlichkeit gesprochen werden, wenn sich auch der Werkaufbaugedanke mit Schleiflade und mechanischer Traktur vermehrt durchzusetzen scheint. Der Wein ist noch nicht ausgegoren. Ein grundsätzliches Spannungsfeld trägt die Orgel zudem seit ihrer Erfindung durch Ktesibios in sich selbst, nämlich ob sie eine Musik*maschine* oder ein Musik*instrument* darstelle. Erfunden wurde die Orgel zweifellos als künstliche und kunstreiche Maschine, doch

28 Die klassische Form der spätmittelalterlichen zweimanualigen Orgel mit Hauptwerk und Rückpositiv. Das Aquarell von Emanuel Büchel zeigt den Zustand der Basler Münsterorgel aus dem 15. Jahrhundert im Jahre 1775. Die gemalten Flügeltüren der Hauptorgel stammen von Hans Holbein d.J. Nach dem Skizzenbuch A 101 II. fol. 27, Kupferstichkabinett Basel.

mauserte sie sich rasch und immer wieder zum Musikinstrument. Bis in unser Jahrhundert hinein hielt man technischen Fortschritt auch für kulturellen und künstlerischen Fortschritt. Nachdem nun heute aber technisch *alles* möglich geworden ist, beginnt man einzusehen, dass nicht jede technische Möglichkeit menschlichen und künstlerischen Gewinn bedeutet. So wendet sich der Orgelbau des 20. Jahrhunderts einerseits wohl dem Maschinenbau der Elektronik- und Computerwelt zu, andererseits aber und in vermehrtem Masse unter bewusstem Verzicht auf moderne «Errungenschaften» dem handwerklichen Instrumentenbau.

Die profane Orgel vom Mittelalter bis zur Gegenwart

Ob der grossen Bedeutung, welche die Orgel in der abendländischen Kirche erlangt hat, wird meistens vergessen, dass sie immer auch als profanes, das heisst ausserkirchliches Instrument bekannt und beliebt gewesen ist. Bezeichnenderweise fehlt denn auch im reichen Schrifttum über die Orgel ein Buch über die Geschichte der Profanorgel von der Antike bis zur Gegenwart. Zunächst sei daher nochmals betont, dass die ersten elfhundert Jahre, also die ganze erste Hälfte der Geschichte der Orgel, ausschliesslich dem profanen Instrument gelten.

Leider fehlen zuverlässige Dokumente für die entscheidende Epoche des Orgelbaues vom 10. bis 13. Jahrhundert weitgehend. Die Riesenorgel von Wincester war zweifellos ein Ausnahmefall. Sonst waren die Orgeln jener Epoche meistens von bescheidenen Ausmassen. Noch im 11. Jahrhundert ist die grosse Kirchenorgel selten: der Mönch Theophilus zählt sie zu den Dingen, welche in den Kirchen gewöhnlich fehlen. Der Beginn des «grossen» Orgelbaues in der ersten Hälfte des 13. Jahrhunderts fällt zeitlich zusammen mit dem Beginn des grossen gotischen Kathedralenbaues in Frankreich (Paris, Reims, Amiens, Laon, Troyes, Dijon, Chartres, Beauvais). In dieser Zeitspanne bildeten sich drei Typen von Orgeln heraus: 1. die «grosse Kirchenorgel», mit separaten Blasbalgkammern fest in die Architektur eingebaut. 2. das «Positiv», das nicht eingebaute, sondern nur «hingestellte» Orgelwerk. Dieses kleinere Instrument ist, wenn auch nur mühsam, beweglich. Auch hier müssen die Blasebälge von einer zweiten Person betätigt werden. 3. das «Portativ», die noch eine Stufe kleinere «Tragorgel» (von lateinisch portare, tragen). Der Spieler hält das Instrument auf den Knien oder trägt es mit einem Band um Hals und Schulter. Mit der einen Hand spielt er, mit der andern betätigt er selbst den Blasebalg (12).

Von den insgesamt 25 Orgeldarstellungen, welche wir aus der Zeit vom 10. bis 13. Jahrhundert kennen (Manuskripte, Glasfenster, Kapitelle), zeigen nur drei grosse Orgeln, dagegen sieben Positive und 15 Portative. Während sich die grossen Orgeln schon aus reinen Dimensions- und Kostengründen ausschliesslich für den Kirchendienst eigneten, waren die handlicheren «Formate» von Positiv und Portativ durchaus auch für die weltliche Musikpflege geeignet.

29 *Das Regal ist neben Portativ und Positiv die dritte Kleinform der Orgel im Spätmittelalter. Es besitzt in der Regel nur kurzbecherige oder becherlose Zungenpfeifen; gelegentlich können hochliegende Labialpfeifen dazutreten. Die selbständigen Regale sind meist als Tischinstrumente ausgebildet. Im Unterbau der grossen Kirchenorgel (unmittelbar über dem Spieltisch) eingebaut und mit kleinfüssigen Labialstimmen vermehrt, bildet es das «Brustwerk» der drei- und viermanualigen barocken Werkorgel. Die selbständigen Regale waren im 16. und 17. Jahrhundert sehr geschätzt nachher gerieten sie sehr rasch in Vergessenheit. Das hier abgebildete Instrument im Besitze des Historischen Museums Basel (Inventar-Nr. 1956.643) wurde im Jahre 1691 von Meister Caspar Humpel in Wilten-Innsbruck erbaut.*

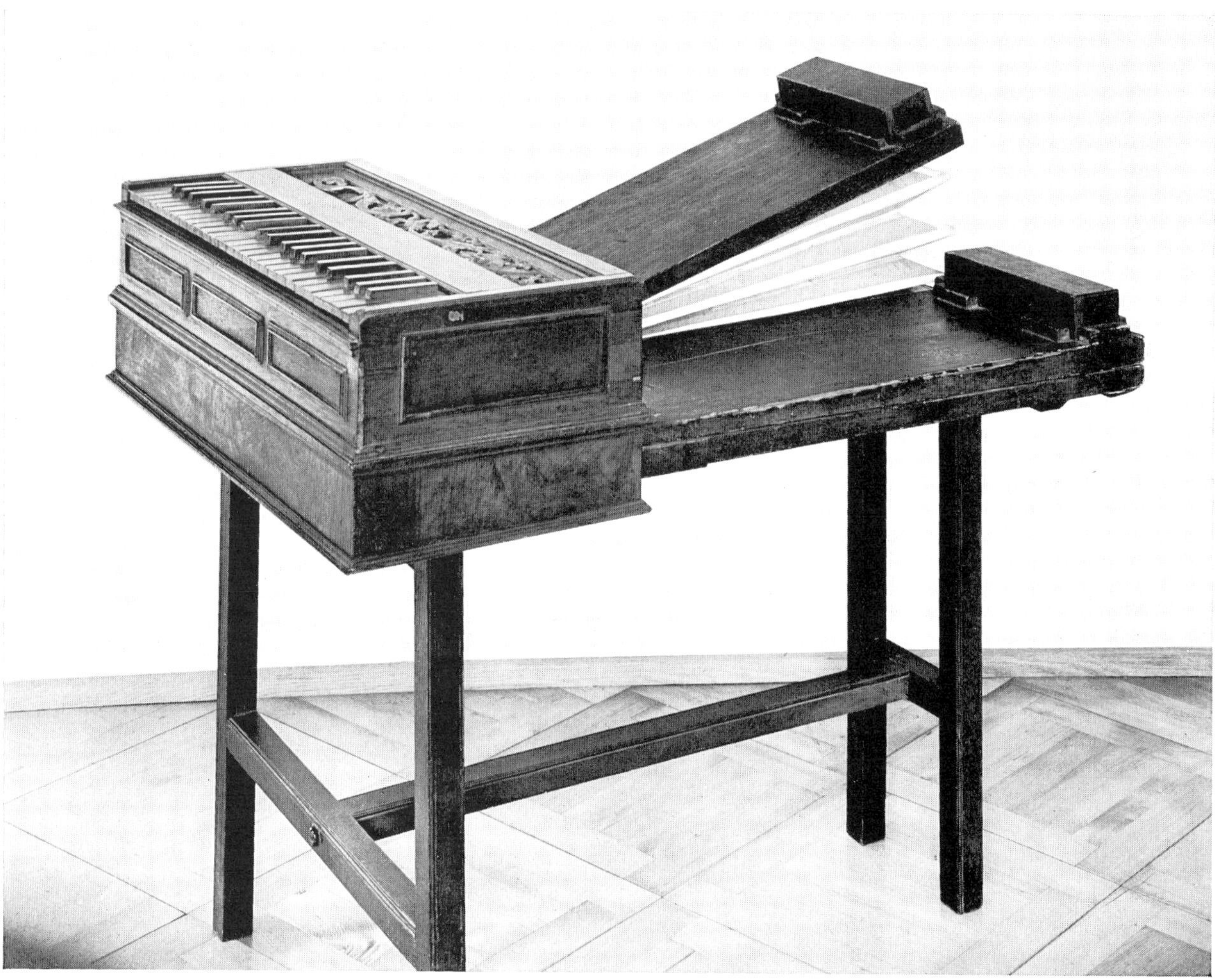

30 *Die Hausorgel war vielerorts bis ins 18. Jahrhundert hinein das übliche Tasteninstrument; erst nach und nach wurde sie durch das Cembalo, später durch das Hammerklavier verdrängt. Das als Exlibris ausgestaltete und um 1594 entstandene Aquarell zeigt den Basler Gelehrten Christoph Leibfried (1566–1635) an seiner Hausorgel (Positiv). Universitätsbibliothek Basel, ms. F IX 43.*

31 *Beispiel der Prospektgestaltung aus der Jugendstilzeit der Jahrhundertwende. Der Prospekt stellt ein reines Phantasiegebilde graphisch-architektonischer Art dar, das keinerlei Schlüsse auf den Aufbau des dahinter verborgenen Orgelwerkes zulässt. Als Pfeifenmaterial dient bronziertes Zinkblech; die meisten Pfeifen sind gar nicht klingend. Neue Orgel für das Krematorium Zürich, 1914.*

32 Die älteste spielbare Orgel der Welt steht in der festungsähnlichen Kirche Notre-Dame de Valère in Sion, Schweiz. Das Werk wird allgemein um 1400 datiert (Gehäuse und drei der sieben Register). Der Manual-Umfang betrug ursprünglich H–f″. Matthäus Carlen erweiterte ihn im Jahre 1718 auf gross C–c″ und fügte ein Pedal hinzu. Die Flügeltürmalereien stammen von Peter Maggenberg (Fribourg) aus den Jahren 1434–37. Diese «Schwalbennestorgel» ist ein Musterbeispiel für die offenbar bewusst altarähnliche Ausgestaltung der Kirchenorgel im 14./15. Jahrhundert. Die Zinnenbekrönung der Pfeifentürme greifen das Motiv der «Feste Zion» wieder auf, das sich oft auch an der Westfassade der Kirche selbst findet.

33 Orgel in der Kirche St. Nikolai zu Altenbruch. Beispiel einer nordeuropäischen «Werkorgel» mit Hauptwerk, (nicht sichtbarem) Brustwerk, Rückpositiv und zwei ebenfalls in die Emporenbrüstung vorgezogenen Pedaltürmen. Wie viele Instrumente dieser Art entstand auch diese Orgel nach und nach durch Vergrösserungen und Umbauten. Das heutige Aussehen geht auf eine Versetzung der Orgel aus dem Chor auf die Westempore in den Jahren 1727–1733 durch Johann Heinrich Klapmeyer zurück. Eine durchgreifende Restauration erfolgte 1967/68 durch Rudolf von Beckerath, Hamburg.

34 Das Positiv hielt sich als selbständiges Instrument in einzelnen Gegenden der Schweiz bis gegen 1830. Bekannt sind vor allem die sogenannten «Toggenburger Orgeln» der beiden Meister Wendelin und Joseph Looser. Unser Bild zeigt die älteste bekannte Hausorgel von Wendelin Looser (1720–1790) aus dem Jahre 1754, heute im Besitz der Schweizerischen Anstalt für Epileptische in Zürich.

35 *Die 1728–1732 erbaute Orgel in der Pfarrkirche zu Ebersmünster im Elsass, eines der letzten Werke des Andreas Silbermann (1678–1734). Das Fehlen kleiner Diskantpfeifen im Hauptprospekt und die Verwendung teilweise stummer Pfeifen im Rückpositiv kündigt bereits eine gewisse Auflösung des «Werkgedankens» an. Im Deckengemälde über der Orgel spielt die heilige Cäcilia auf dem Positiv: eines der vielen Missverständnisse in der über zweitausendjährigen Orgelgeschichte.*

Das *Portativ* ist wohl am häufigsten abgebildet, aber wir wissen doch am wenigsten darüber, was seine bestimmten Gründe hat. Die meisten Abbildungen sind symbolischen Charakters, nämlich Miniaturen in den Initialen der Psalmen 150, 149 und 137, aber auch anderer Bibelstellen (11). Als tragbare Prozessionsorgel dürfte das Portativ zwar auch ab und zu kirchlichen Zwecken gedient haben, doch war es zweifellos vor allem weltliches Instrument. Hieraus erklärt sich, dass es zwar sehr bekannt und beliebt war und deshalb auch oft abgebildet wurde, aber dass es genauso selten wie die übrigen Spielmannsinstrumente der schriftlichen Überlieferung würdig erachtet wurde. Erst im 14. und 15. Jahrhundert mehren sich die Nachrichten, besonders Hinweise auf verschiedene virtuose Solisten des Portativspieles. Am berühmtesten war das «Organetto»-Spiel des blinden Francesco Landini (1335–1397), welcher für seine ausserordentlichen Leistungen in Venedig vom König von Zypern einen Lorbeerkranz erhalten haben soll. Das solistische Spiel scheint indessen nicht die Regel gewesen zu sein, sondern vielmehr das Zusammenspiel mit andern Instrumenten. Auch das fahrende Musikantenvolk bediente sich dieser Kleinstform der Orgel. Im Jahre 1519 wird in Winterthur bei Zürich eine «Orglerin Küngold» erwähnt, welche «wegen vieler diebischer Angriffe» des Landes verwiesen werden musste. Im Verlaufe des 16. und 17. Jahrhunderts kam das Portativ aber langsam, wie viele andere Musikinstrumente der Renaissance, ausser Gebrauch und verschwand schliesslich ganz aus dem Bewusstsein der Allgemeinheit.

Das *Positiv* stand als Instrument mittlerer Grösse gleicherweise weltlichem wie kirchlichem Gebrauch offen: nämlich als anspruchsvolleres Instrument (als das Portativ) für Leute höheren Standes (20) und Fürstenhöfe und als bescheideneres Instrument (als die grosse Orgel) für die Kirche. Im Gotteshaus übernahm es oft als zweites Instrument im Chor oder auf der Westempore die Aufgaben der Intonation und der Choralbegleitung; gegen Ende des 15. Jahrhunderts wurde es dann ja als Rückpositiv in die Hauptorgel eingegliedert. Als weltliches Hausinstrument war dieses köstliche Ding zunächst natürlich vornehmen Leuten vorbehalten. Auf den zeitgenössischen Abbildungen sitzt meistens eine reich und elegant gekleidete Dame als Spielerin davor, während bescheiden gekleidete Dienstleute den Blasebalg betätigen. Diese Bilder atmen einen letzten Hauch der exklusiven Palastorgel der byzantinischen Kaiser, wobei aber das Einmalige und deshalb beinahe Furchterregende natürlich längstens fehlt. Mit Anbruch der Neuzeit wird das Positiv auch Instrument des Bürgertums (30). Zu Beginn des 18. Jahrhunderts gehört das Positiv in den Salon jeder besseren Familie, doch wird es dann bald vom Cembalo und später vom Hammerklavier abgelöst. In ländlichen Gegenden hält sich die «Hausorgel» sogar bis ins 19. Jahrhundert hinein. Wohl diente sie auch bei der häuslichen Andacht zur Psalmenbegleitung, aber man scheute sich auch nicht, damit zum Tanze aufzuspielen (34).

Die Geschichte des *Regals*, einer weiteren Kleinform der Orgel mit vorwiegend kurzbecherigen oder becherlosen Zungenstimmen, ist noch nicht geklärt. Es taucht gegen Ende des Mittelalters auf, wird aber selten erwähnt. Im 17. Jahrhundert wurde es oft in Musikkollegien als Begleitinstrument verwendet, aber später meist durch das Positiv ersetzt. Unter der Bezeichnung «Brustwerk» wurde es – ebenfalls im 17. Jahrhundert – als drittes oder viertes Manualwerk der grossen Kirchenorgel einverleibt. Als selbständiges weltliches Instrument tauchte es auch in der frühen Oper auf, zum Beispiel in Claudio Monteverdis «Orfeo» (1607). Im 18. Jahrhundert wird das Regal kaum mehr genannt. Wie viele andere untergegangene Instrumente, lebt es noch als Bezeichnung gewisser Orgelregister fort (29).

Der Vollständigkeit halber seien hier noch die sogenannten *mechanischen Orgeln* erwähnt, bei welchen die Spielklaviatur durch eine Stiftwalze oder sonstige Einrichtungen ersetzt ist und die bei Inbetriebsetzung selbständig ein kurzes Stück abspielen. Solche Musikautomaten fallen nach unserer Definition bereits nicht mehr unter den Begriff «Orgel» (Fehlen der Klaviatur). Sie waren aber seit dem 16. Jahrhundert sehr beliebt, wurden entweder als «Hornwerke» im Glockengeschoss von Kirchtürmen oder in verkleinertem Massstab in Uhrwerke eingebaut, und im 18. Jahrhundert vorwiegend zum Abrichten von Singvögeln verwendet. Besonders in England scheint man derartige mechanische Instrumente geschätzt zu haben. Königin Elisabeth I. liess ein grosses mechanisches Orgelwerk von Thomas Dallam dem türkischen Sultan als Geschenk überbringen. Im 19. Jahrhundert wurden diese Instrumente in England sogar als würdig befunden, den Gemeindegesang in der Kirche zu begleiten (barrel organs). Auf dem Festland wurden solche Instrumente in verschiedenen Zentren gebaut, vor allem aber im Schwarzwald. Die meisten klassischen *Kirchweih- und Jahrmarktsorgeln* stammen aus dieser Gegend.

Während bis zum 19. Jahrhundert vor allem die kleinen Neben- und Sonderformen der Orgel als weltliche Instrumente dienten, erfuhr die grosse Kirchenorgel im letzten Jahrhundert selbst eine gewisse Profanation, indem sie als *Konzertorgel* in Tonhallen, Konzertsäle, Festsäle von Universitäten usw. verpflanzt wurde. Hier diente sie gleichermassen der feierlichen Umrahmung von Staatsakten wie eigentlichen Konzertzwecken. Ja selbst im Salonwagen «Palmyra» der 1869 eröffneten transkontinentalen Eisenbahn in den Vereinigten Staaten befand sich zur Erbauung der Reisenden eine Orgel. So ist es nicht verwunderlich, dass man in den zwanziger und dreissiger Jahren unseres Jahrhunderts in der allerdings kurzlebigen *Kinoorgel* das ideale Begleitinstrument für die Stummfilme erblickt hatte. Der Tonfilm bedurfte freilich dieser erläuternden Rolle des königlichen Instrumentes nicht mehr.

Die einzelnen Teile der Orgel

Die Hauptelemente

Das Pfeifenwerk

Die verschiedenen Pfeifenarten. Wir unterscheiden zwei grundsätzlich verschiedene Arten von Orgelpfeifen: die Lippenpfeifen (Labialpfeifen) und die Zungenpfeifen (Lingualpfeifen). Bei heutigen Kirchenorgeln beträgt der Anteil der Zungenpfeifen etwa 5 bis 15%. Dieser Prozentsatz schwankte aber im Verlaufe der Geschichte sehr stark; zudem gab es zu gewissen Zeiten auch reine Labial- und reine Lingualinstrumente. *Die Lippenpfeifen* (36) bestehen aus Pfeifenkörper und Pfeifenfuss, welche durch den Kern bis auf eine schmale Spalte (Kernspalte) voneinander getrennt sind. Wird die Pfeife vom Fussloch her angeblasen, so strömt der Wind zur Kernspalte heraus, trifft auf die Oberlippe und gerät dort in eine wirbelnde, nach innen und aussen wechselnde Pendelbewegung, welche die vom Pfeifenkörper umgrenzte Luftsäule in Vibration versetzt. Die Schnelligkeit dieser Vibration hängt von der Länge dieser Luftsäule ab, das heisst, der Pfeifenkörper bestimmt als Resonanzkörper die Tonhöhe der Pfeife. Eine Pfeife halber Länge erhält die doppelte Vibrations- oder Schwingungszahl und klingt deshalb eine Oktave höher. Die Länge der Pfeifenfüsse hat hingegen keinen Einfluss auf die Tonhöhe. Die Pfeifenkörper können genau zylindrisch, leicht konisch oder leicht trichterförmig gebaut sein. Ihr oberes Ende kann zudem offen, teilweise oder ganz gedeckt sein. Gedeckte Pfeifen brauchen für dieselbe Tonhöhe nur die halbe Länge der entsprechenden offenen Pfeifen. Vereinfacht dargestellt gelten folgende Abhängigkeiten:

Pfeifenlänge → Tonhöhe
Lippenbreite → Tonstärke
Durchmesser, Form und Material der Pfeife sowie Aufschnitthöhe → Klangfarbe

In Wirklichkeit sind die Verhältnisse viel komplizierter, da nicht nur alle diese Faktoren sich gegenseitig in unterschiedlichem Masse beeinflussen, sondern auch noch andere Grössen, wie beispielsweise der Winddruck, eine Rolle spielen.

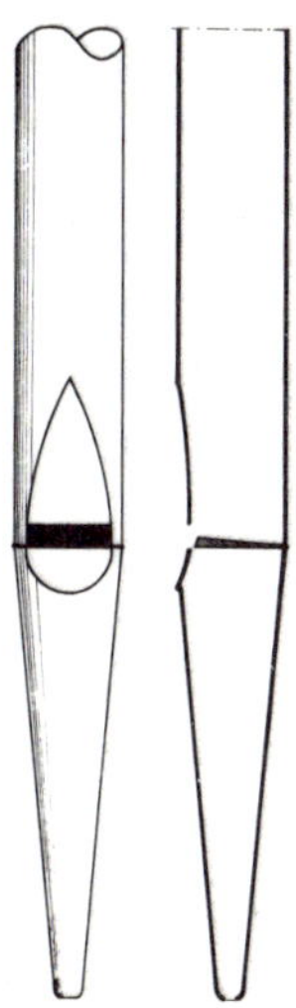

36 *Ansicht und Schnitt der modernen Lippenpfeife.*

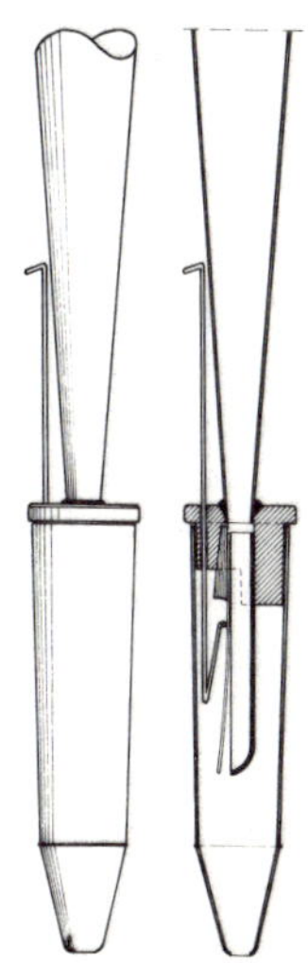

37 *Ansicht und Schnitt der modernen Zungenpfeife.*

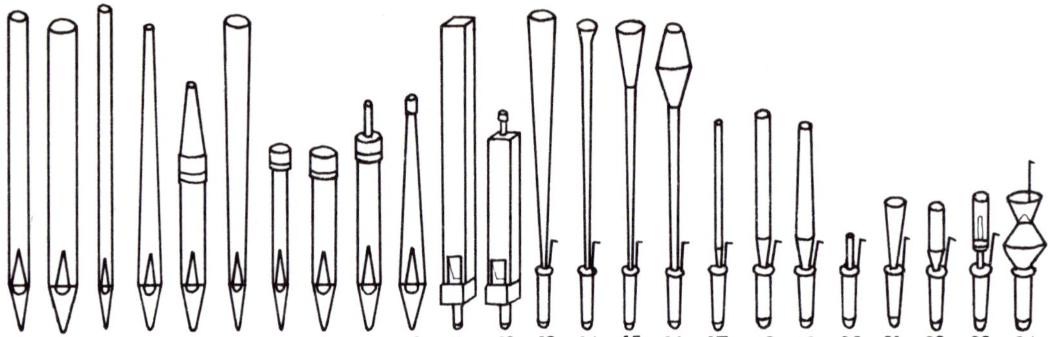

Die Zungenpfeifen (37) sind grundsätzlich anders gebaut und gehorchen anderen Gesetzen. Die Zunge ist ein leicht aufgebogenes, federndes Metallblatt, welches im Ruhezustand mit dem untern Ende von der «Kehle» genannten Auflage absteht. Diese Kehle wird von einem unten verschlossenen, oben und seitlich offenen Röhrchen gebildet, weshalb die Zungenpfeifen auch etwa «Rohrwerk» heissen. Die Metallzunge liegt auf der seitlichen Öffnung und ist mit dem oberen Ende mittels eines Keiles fest auf die Kehle aufgepflockt. Die ganze Einrichtung ist in einen Metall- oder Holzkopf («Nuss») eingebohrt und steckt in einem «Stiefel» genannten Pfeifenfuss. Strömt Wind in den Stiefel, so sucht er durch die schmale Öffnung zwischen Zungenblatt und Kehle zu entweichen. Der Sog zieht das Zungenblatt gänzlich auf die seitliche Kehlenöffnung, doch federt das Blatt sofort wieder zurück, und der ganze Vorgang wiederholt sich. Die Anzahl dieser einzelnen Luftstösse entspricht genau der Tonhöhenfrequenz und hängt nur von der Länge des schwingenden Teiles der Metallzunge ab, welche mittels der verschiebbaren «Krücke» verändert werden kann. Der «Aufsatz» oder «Becher» genannte Pfeifenkörper hat hier somit keinen Einfluss auf die Tonhöhe. Er wirkt nur als Resonanzkörper und prägt mit seinen Dimensionen lediglich die Klangfarbe der Zungenpfeife. Die Becherlänge, welche ungefähr der Pfeifenkörperlänge einer gleichhohen Labialpfeife entspricht, nennt man *volle* oder *natürliche* Becherlänge. Die Becherlängen können aber beinahe beliebig verkürzt werden: nur die Farbe, aber nicht die Tonhöhe verändert sich dabei.

Die gebräuchlichsten Pfeifenformen sind oben zusammengestellt (38). Der Raum gestattet es nicht, hier auf einzelne der ungezählten Registernamen einzutreten. Hingegen seien kurz die üblichen Gruppenbezeichnungen gewisser Registertypen erwähnt:

labial	Weitchor	weite Mensuren	Flöten aller Arten, auch konische, halbgedeckte und gedeckte
	Engchor	mittlere Mensuren	Prinzipale, Oktaven und Mixturen
	Streicher	enge Mensuren	Gamba, Salizional, Schwebestimmen
lingual	vollbecherige Zungen		Trompeten, Schalmeien, Oboen
	kurzbecherige Zungen (Regale)		alle Arten von Regalen, Rankett, Sordun, Bärpfeifen

Selbstverständlich gibt es viele Übergangsschattierungen und Mischtypen.

Das Alter der verschiedenen Pfeifenarten. Lange Zeit herrschte ein unfruchtbarer Fachstreit, ob wohl die Lippen- oder die Zungenpfeifen geschichtlich älter seien. Heute dürfen wir sagen, dass beide gleich alt und von Anfang an bei der Orgel beteiligt gewesen sind. Schon der Prototyp des Ktesibios bildete bezüglich Pfeifenwerk eine «künstliche» Kombination. Der äusserliche Pfeifenablauf, das Aufreihen einer skalamässig abgestimmten Pfeifenreihe, wurde zweifellos der Panflöte nachgebildet, also einem Instrument mit offenen oder gedeckten Labialpfeifen (Bambusröhren mit oder ohne Knotenstellen). Die einzelnen Pfeifen selbst waren

◀ 38 *Die wichtigsten Pfeifenformen, 1–12 labial, 13–24 lingual.*

1 Prinzipal	*13 Trompete*
2 Flöte	*14 Schalmei*
3 Gambe	*15 Oboe*
4 Spitzflöte	*16 Englischhorn*
5 Koppelflöte	*17 Krummhorn*
6 Trichterflöte	*18 Dulcian*
7 Quintatön	*19 Musette*
8 Gedackt	*20 Geigenregal*
9 Rohrflöte	*21 Trompetenregal*
10 Spitzgedackt	*22 Vox humana*
11 Holzprinzipal	*23 Rankett*
12 Holzgedackt	*24 Bärpfeife*

aber «auloi», also Zungenpfeifen. Die voll entwickelte antike Wasserorgel, wie sie von Vitruv beschrieben wird, umfasste bereits mehrere verschiedenartige Register, vermutlich also Zungenpfeifen sowie offene und gedeckte Labialpfeifen. Die frühmittelalterlichen Kirchenorgeln im Abendland besassen nur Lippenpfeifen. Die Kenntnis der Zungenpfeifenherstellung war mit der Orgel untergegangen und offenbar auch von Priester Georg aus Venedig nicht überliefert worden. Bei den spätmittelalterlichen Kleininstrumenten wiesen *Portativ* und *Positiv* meist nur Labialpfeifen, das *Regal* hingegen grösstenteils nur Lingualpfeifen auf. Erst mit dem Abtrennen einzeln spielbarer Register und dem Zusammenbau mehrerer Instrumente zu einer *grossen Orgel* (Mehrmanualigkeit) erhielt eine mannigfache Registervielfalt wieder ihren Sinn. Deshalb blüht diese Vielfalt erst im Spätmittelalter und in der Renaissance auf. Viele Register (z.B. Gemshorn, Kornett, Krummhorn, Rankett, Bombarde, Zinke) tragen die Namen damaliger Blasinstrumente, deren Klang sie nachzuahmen suchten. Die Gruppe der Streicher (Viola, Viola da gamba, Violoncello usw.) gesellte sich im 18./19. Jahrhundert dazu; sie suchte den streichenden Klang der seit dem 17. Jahrhundert aufgekommenen Streichinstrumentenfamilien für die Orgel nutzbar zu machen.

Das Material und die Herstellung der Pfeifen. Wie die Pfeifen der Orgel von Aquincum beweisen, wurden sie als ganzes Stück gegossen (9). Als Material diente Kupfer in verschiedenen Legierungen. Die gedeckten Pfeifen besassen bewegliche hölzerne Stöpsel zum Stimmen. Im Hochmittelalter wurden nicht mehr fertige Pfeifen gegossen. Sie wurden vielmehr aus Kupferblech ausgeschnitten, aufgerollt und verlötet. Zunächst wurden Fuss und Körper als eine einzige, sich leicht trichterförmig nach oben öffnende Röhre gebaut. Im unteren Teil dieser Röhre wurde ein seitliches Loch herausgeschnitten, um dann den Kern einlöten und die Pfeifenwände zur flachen Lippe andrücken zu können (19, 39). Im 11. Jahrhundert war aber auch schon die heute übliche Art der getrennten Herstellung von Fuss und Körper sowie deren nachträgliches Zusammenlöten bekannt. Seit dem Spätmittelalter haben Zinn-Blei-Legierungen das Kupfer als Pfeifenmetall abgelöst. Gleichzeitig tauchen nördlich der Alpen auch die ersten Holzpfeifen auf. Moderne Werkstoffe haben sich bis heute als ungeeignet erwiesen. Neben Kupfer, Zink, Zinn-Blei-Mischungen und Holz vermochten sich deshalb keine Materialien in entscheidendem Masse durchzusetzen.

Die Pfeifenmasse (Mensuren). Solange der Umfang der Instrumente eineinhalb bis zwei Oktaven nicht überschritt, konnten die Pfeifendurchmesser unverändert bleiben (10). Die mittelalterlichen Mensurtraktate kümmern sich daher nur um die *Längenmensur*, um die richtige Pfeifenlänge, welche sie mittels der pythagoräischen Proportionslehre der Intervalle zu bestimmen suchten. Da man die Zusammenhänge der Abweichungen der theoretischen von der tatsächlichen Pfeifenlänge noch nicht kannte, gab es die verschiedensten Rezepte für die notwendigen sogenannten «Mündungskorrekturen». Heute besitzt man für alle Pfeifenformen genaue Längenformeln, welche aber nach wie vor empirisch bestimmt werden.

Die starren *Durchmessermensuren* werden vom Anonymus von Bern im 11. Jahrhundert mit einem «Lerchenei» (etwa 1 cm) für den unteren Durchmesser und einem «Taubenei» (etwa 3 cm) für den oberen Durchmesser angegeben. Nach dem Mönch Theophil betrug zur selben Zeit die normale Aufschnitthöhe der Pfeife eine «mittlere Strohhalmdicke» (etwa 3–4 mm). Eine derartige Pfeifenreihe mit starrer Mensur ändert fortlaufend ihre Klangfarbe. Die Umfangsteigerung der Instrumente und das Entwickeln selbständig spielbarer verschiedener, aber in sich gleichbleibender Register im Spätmittelalter führte unweigerlich zur Aufgabe der starren Durchmessermensur. Beinahe jeder Orgelbauer besass seine geheimen «Mensurrezepte». Erst Johann Gottlob Töpfer (1791–1870) fand durch systematische Versuche eine empirische Formel $1:\sqrt{8}$ für eine Durchmesserentwicklung im Verhältnis zur Pfeifenlänge, welche über beliebig viele Oktaven hinweg eine gleichbleibende Klangfarbe gewährleistet. Nachdem man das Ziel der richtigen *Normalmensur* endlich erreicht hatte, wurde man aber gewahr, dass gerade eine derart starre Klangfarbe des künstlerischen Reizes entbehrte. Heute ist man deshalb wieder zu leicht variablen Mensuren zurückgekehrt. Die Töpfersche Normalmensur dient aber als willkommener Massstab für die Mensuren, welche man jetzt üblicherweise mit $\pm$ Halbtönen bezüglich der Normalmensur umschreibt.

Die Tonhöhen. Man unterscheidet eine *relative* und eine *absolute* Tonhöhe. Die relative Tonhöhe misst den Abstand oder das Intervall eines beliebigen Tones von einem als gegeben betrachteten Grundton aus. Die Frage dieser im Verlaufe der Zeiten geänderten *Stimmungssysteme* hängt eng mit der Musiktheorie jener Zeiten zusammen. Die absolute Tonhöhe gibt die Schwingungszahl des betreffenden Tones an, zum Beispiel also die heute übliche Schwingungszahl 440 für das eingestrichene Kammer-a, den internationalen Stimmton. Noch im 11. Jahrhundert war die Wahl der absoluten Tonhöhe durchaus frei. Erst im Spätmittelalter setzte sich die Regel durch, der Pfeifenkörper des tiefsten Tones C der Vox principalis, der Hauptstimme, sollte acht «Fuss» oder «Schuh» betragen. Da aber das Masssystem nicht nur von Land zu Land, sondern beinahe von Ort zu Ort leicht variierte, ergaben sich (zusammen mit andern Einflüssen) recht verschiedenartige absolute Tonhöhen, welche bis zu einer Terz nach oben oder unten von unserem heutigen Normal-a abwichen. Man könnte etwas pikant formulieren: je kleiner die durchschnittliche Schuhnummer in einem bestimmten Landstrich war, desto höher war die musikalische Stimmung.

Die Bezeichnung der Tonhöhe eines Orgelregisters erfolgt auch heute noch in «Fuss» mit dem alten Abkürzungszeichen ′. Das Register mit dem Namen Prinzipal 8′ ist eine Pfeifenreihe, deren erste Pfeife mit dem Ton C eine Körperlänge von acht Fuss = 8×30 cm = 240 cm besitzt. Die 8′-Lage ist die sogenannte Äquallage, d.h. die Pfeifen einer bestimmten Taste ergeben den entsprechenden, gleich hohen Ton. Ein halb so langes Register, z.B. eine Flöte 4′, lässt beim Drücken der Taste a einen um eine Oktave höheren Ton a^1 erklingen. Ein 16′-Register lässt umgekehrt einen um eine Oktave tieferen Ton A ertönen. So kann ein Musikstück je nach der gewählten Registrierung hoch, normal, tief, in einer oder mehreren Oktaven vervielfacht erklingen, obwohl immer nur die gleichen Tasten gespielt werden.

Die Disposition. Unter der Disposition versteht man Auswahl und Zusammenstellung der Register einer bestimmten Orgel. Dass diese Auswahl je nach Land, Zeitepoche und persönlichem Geschmack der Auftraggeber oder Erbauer variiert, ist selbstverständlich. Platzgründe verbieten es, hier auf verschiedene Gesetzmässigkeiten dieser Auslese einzugehen. Ebensowenig können wir auf Sonderfragen (wie Mixturen, gemischte Stimmen, halbe Register usw.) eintreten. Wir verweisen hierfür auf die zahlreiche Spezialliteratur.

Das Gebläse

Ein Hauptgedanke bei der Erfindung der Orgel war gewesen, den beschränkten menschlichen Atem eines Bläsers durch den beliebig langen, kontinuierlichen Luftstrom eines künstlichen Gebläses zu ersetzen. Bei heutigen Orgelneubauten werden nur selten einige Worte über die Windversorgung verloren; genügender und regelmässiger Windzufluss ist stillschweigende Voraussetzung. Dem war früher beileibe nicht so. Noch Johann Sebastian Bach pflegte bei einer Orgelprüfung als erstes vollgriffig mit allen Registern zu spielen, um zu erfahren, ob das Werk «gesunde Lungen» habe. Dispositionssammlungen aus dem 18. und 19. Jahrhundert erwähnten neben den verschiedenen Registern der Orgeln oft auch Zahl und Grösse der Bälge.

Das älteste Gebläsesystem, die Windversorgung der antiken Wasserorgel, steht allerdings auf bereits erstaunlich hoher Stufe. Mittels zweier Kolbenpumpen wird Luft in eine im Wasser stehende metallene Glocke gepumpt. Diese Luft verdrängt das Wasser teilweise aus der Glocke und schafft einen Niveauunterschied zwischen innerem und äusserem Wasserspiegel; die Luft wird dabei komprimiert (4). Beim Spielen fliesst die benötigte Windmenge infolge des Überdruckes nach oben ab. Die durch das Pumpen nur stossweise gewährleistete Luftzufuhr wird erstens einmal durch eine alternierende Wirkungsweise beider Pumpen verbessert: Während die eine Pumpe frischen Atem schöpft, bläst die andere. Zweitens gleichen aber auch die beweglichen Wasserspiegel die schwankenden Druckverhältnisse aus und verwandeln die stossweise Zufuhr der Pumpen in einen einigermassen konstanten Windstrom zum Spielen. Der Hohlraum der Glocke dient also als «Windmagazin», während die Wasserspiegel als bewegliche «Balgplatten» wirken. Als Druckregler hatte das Wasser eine wichtige Funktion in der antiken Orgel. Dieser Tatsache verdankte das Instrument daher auch seinen Namen «Wasserorgel», Organum hydraulicum. Die ungemein ingeniöse Erfindung des Ktesibios hatte aber doch auch Nachteile: ein kompliziertes, dem Ver-

39 *Mittelalterliche Orgel mit 12 Blasebälgen. Diese Zahl hat wohl symbolische Bedeutung, denn die 15 Pfeifen brauchen nicht so viel Wind. Hingegen entspricht die Art der Balganlage den damaligen Gepflogenheiten. (Nach Gerbert: «De cantu», St. Blasien 1774, Tafel XXVII.)*

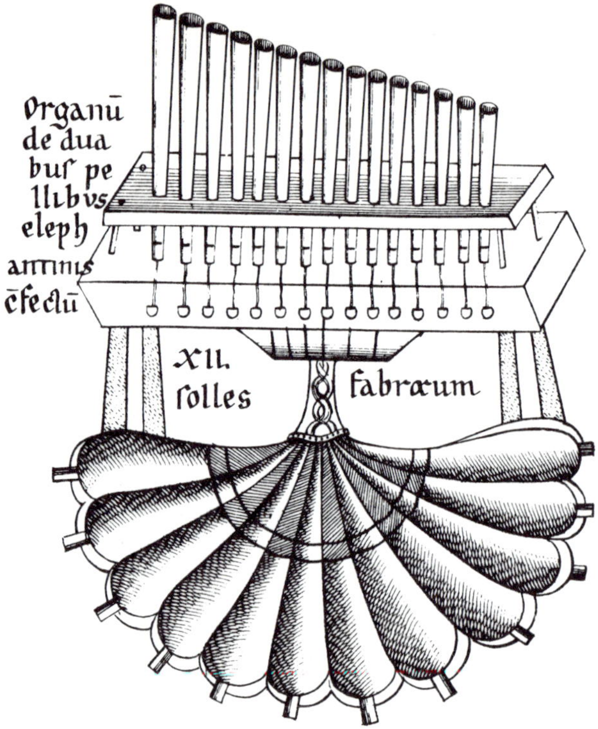

schleiss stark unterworfenes mechanisches System von Kolben, Gestängen usw., ein grosses Gewicht, verdunstendes und korrodierendes Wasser, das beim Transport ausfliessen oder im Winter gefrieren konnte. Es lag daher auf der Hand, zur Windversorgung der Orgel auch die seit urdenklichen Zeiten bekannten und allgemein üblichen Bälge, wie sie etwa die Schmiede an der Esse brauchten, zu verwenden. Im Gegensatz zu den «Wasserorgeln» (organa hydraulica) wurden diese Instrumente «Windorgeln» oder «pneumatische Orgeln» (organa pneumatica) genannt. Diese Bezeichnung ist zwar historisch überliefert, aber trotzdem unglücklich und Verwirrung stiftend. «Balgorgel» wäre ein besseres Wort und würde den Gegensatz zur «Wasserorgel» treffender umschreiben.

Der gewichtigste Mangel an der frühen Balgorgel war zweifellos das Fehlen eines druckausgleichenden Elementes, eines Windreservoirs. Trotzdem überflügelte die Balgorgel die feiner ausgeklügelte Wasserorgel offenbar recht bald. Warum?

Das ganze Windsystem der Wasserorgel war für die damalige Zeit eine regelrechte Ingenieurarbeit. Die Windleistung der Kolbenpumpen, Ventil- und Leitungsabmessungen, Grösse der Glocke, Wassermenge und Inhalt des umgebenden Gefässes mussten genau aufeinander abgestimmt, gewissermassen berechnet werden, sollte das Ganze tatsächlich funktionieren. Diese dem Laien unüberblickbaren Zusammenhänge führten dazu, dass die Wasserorgel in ihren ungefähren Grössenmassen ziemlich unverändert bleiben musste. Zudem bot die Flüssigkeit Schwierigkeiten bezüglich Gewicht und Transportfähigkeit des Instrumentes. Diese Nachteile hatte die Balgorgel nicht. Zudem war es problemlos möglich, kleinere und grössere Instrumente zu bauen: Genügte für grösseren Windverbrauch schnelleres Pumpen nicht mehr, so hatte man lediglich Grösse oder Zahl der Bälge zu steigern, eine für jeden guten Handwerksmann lösbare Aufgabe.

Die kleinstformatigen Balgorgeln, die sogenannten «Portative», welche von einer einzelnen Person bedient werden, indem die rechte Hand auf der Klaviatur spielt und die linke den Blasebalg betätigt, begnügen sich mit einem einzigen Balg. Während des kurzen Augenblicks des «Atemholens», des erneuten Aufziehen des Balges, bleibt die Orgel stumm, weil keinerlei Windreserve vorhanden ist. Diesem Mangel wird schon bei nur wenig grösseren Instrumenten durch Verdoppelung der Bälge entgegengetreten. Dafür aber bedarf der Organist, wie bei der Wasserorgel, der Mithilfe eines Balgdieners, welcher wechselweise und mit Gefühl für den richtigen Druck die Bälge so betätigt, dass stets einer

40 *Die Balgkammer der Orgel von Halberstadt aus dem Jahre 1361. (Nach Prätorius: «De Organographia». Wolfenbüttel 1619, Tafel XXVI.)*

Blaßbälge vnd Calcanten, so zu d zeit bey derselben Orgel gebraucht worden.

bläst (20). Die Bälge können, je nach Grösse, für Hand- oder Fussbetrieb eingerichtet sein. Vom Fussbetrieb her rührt der Name des «Bälgetreters» oder «Kalkanten» (von lateinisch calcare = treten), des meist bescheidenen, aber unersetzlichen Helfers des Organisten, einer Hauptfigur zahlreicher ergötzlicher Orgelanekdoten.

Mit dem Wachsen der frühmittelalterlichen Kirchenorgel nahm auch die Zahl der Bälge zu. Die Orgel in der Handschrift von St. Blasien zeigt bereits 12 Bälge, aus der Haut von zwei Elefanten hergestellt (39). Die 951 eingeweihte Orgel der Kathedrale zu Wincester zählte gar 26 Bälge. An ihnen arbeiteten 70 «schweissbedeckte Männer mit ihren Armen, einer den andern anfeuernd, so starken Wind wie möglich zu machen». Einen guten Eindruck einer mittelalterlichen Balganlage vermittelt uns Michael Praetorius (1619) mit seinem berühmten Holzschnitt der Balgkammer von Halberstadt. Er zeigt uns die 20 Bälge der Orgel aus dem Jahre 1361 sowie die Arbeitsweise zweier der insgesamt zehn Kalkanten (40).

Bei der üblichen, meist etwas gerundeten Form des gewöhnlichen Schmiedebalges waren nur die beiden Platten aus Holz. Das verbindende Leder, meist ganze Felle, war völlig frei und legte sich beim Ausatmen in willkürliche Falten. Um dem grossen Verschleiss solcher Bälge zu begegnen und Ordnung in die Falten zu bringen, wurden im Verlaufe des Mittelalters verschiedene Mittel versucht, wie gewisse Führungen, Versteifungen oder Zwischenrahmen. Einen entscheidenden Fortschritt brachten aber erst die «*Spanbälge*» im 15. Jahrhundert. Nicht nur die obere und untere Balgplatte sind hier aus Holz, sondern die Falten selbst sind dünne Holzbretter («Späne»): nur die Verbindungen der verschiedenen Teile, die beweglichen Scharniere, sind noch aus Leder gefertigt und oft mit Leinwand und Pferdesehnen («Flechsen») verstärkt. Diese Spanbälge setzten sich sehr rasch durch, denn sie waren nicht nur dauerhafter als die alten Faltenbälge, sondern brachten noch eine namhafte Ersparnis von kostbarem Leder mit sich. Grundsätzlich können die künstlichen Holzfalten nach innen oder nach aussen gerichtet werden. Der deutsche Orgelbau bevorzugte die einfachen, einwärtsgehenden Faltenbälge mit beschränkter Hubhöhe, während der französische Orgelbau schon früh den auswärtsgehenden Faltenbalg vorzog und ihn durch Vermehrung der Falten leistungsfähiger machte. Bälge von zwei Metern Länge erhielten gewöhnlich fünf Falten (27).

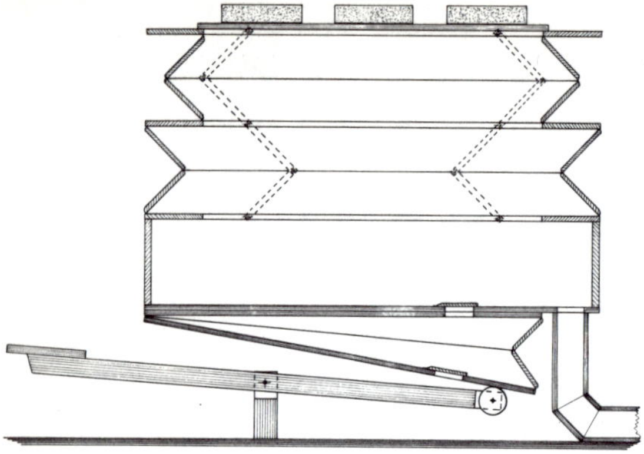

Der grosse Nachteil der frühen «Balgorgel» gegenüber der «Wasserorgel» war wie gesagt das Fehlen eines druckausgleichenden Windmagazines. Die Einführung eines solchen Systems in die Balgorgel, d.h. die Unterscheidung zwischen *«Schöpfbalg»* als Winderzeuger und *«Magazinbalg»* als ausgleichendem Reservoir, ist zeitlich schwer zu fixieren, es ist eines der umstrittensten Daten der Orgelgeschichte. Dies rührt einerseits daher, dass die meist lateinischen Schriften des Mittelalters stets nur von «Bälgen» (folles) sprechen, also keinerlei Unterscheidungen bezüglich ihrer Funktion machen. Andererseits sind auch bei bildlichen Wiedergaben der Zeit nie sichere Unterscheidungen möglich. Erste sichere Hinweise kennen wir erst aus dem 15. Jahrhundert. Eine konsequente Trennung auf breiter Basis erfolgte aber erst um die Mitte des 19. Jahrhunderts mit der Entwicklung der klassischen Form der neuzeitlichen Balganlage:

Der grosse sogenannte *«Doppelfaltenbalg»* ist hier reiner Magazinbalg und besitzt je eine einwärts- und eine auswärtsgerichtete, parallel aufgehende Falte. Eiserne Scheren sorgen für allseitig gleichmässigen Gang ohne seitliches Kippen. Als Schöpfbalg dient ein einfacher Keilbalg mit einwärtsgerichteten Falten, welcher an der Unterseite des Magazinbalges befestigt ist (41).

Bemerkenswert ist noch die Entwicklung des *Antriebes* der Orgel-Schöpfbälge. Die Arbeit an den ursprünglichen Schmiedebälgen (und an den Luftpumpen der Wasserorgeln) musste gänzlich vom Kalkanten geleistet werden, nämlich sowohl das Aufziehen (Ansaugen) des Balges wie dessen Entleeren (Blasen). Erst nach dem Aufkommen der wesentlich starreren Form der Spanbälge kam man auf die Idee, sich auf das Aufziehen der Bälge zu beschränken und durch aufgelegte Gewichte die Bälge selbsttätig ausatmen zu lassen. (Physikalisch betrachtet leistet natürlich trotzdem der Kalkant die ganze Arbeit, indem er zum Balg hinzu auch noch diese Gewichte heben muss.) Hierdurch konnte bei grösseren Werken Personal gespart werden, indem nun ein Kalkant eine ganze Reihe von Bälgen bedienen konnte. Diese Entwicklung wurde noch gefördert durch mechanische Hilfseinrichtungen zum Aufziehen der Bälge, wie etwa Hebeleinrichtungen oder Seilzüge mit Rollen. So konnte im 18. Jahrhundert meist ein einziger Kalkant die drei bis sechs «Froschmäuler» genannten Schöpfbälge einer mittleren Orgel betätigen (27).

Im 19. Jahrhundert halfen grosse Schwungräder (42) die Schöpfer für die mächtigen Doppelfaltenbälge treiben, doch waren letztlich noch immer die Muskeln des Kalkanten einzige Quelle der Arbeitskraft. Erst gegen Ende des Jahrhunderts begann die Motorkraft den treuen Diener des Organisten überflüssig zu machen. Vor dem allgemeinen Siegeszug des Elektromotors zum Antrieb des modernen Schleudergebläses wurden verschiedenartigste Motortypen benutzt, wie kalorische Maschinen und Gasturbinen. Selbst das Wasser kam wieder zu Ehren. So konnte beispielsweise im Jahre 1897 im Grossmünster in Zürich der «Schmid'sche Wassermotor» zur maschinellen Schöpferbetätigung in Gebrauch genommen werden. Damit stand – wenn auch nicht in antikem Sinn – erneut die «Wasserorgel» an der Schwelle zum modernen Orgelbau.

42 *«Balgmaschine» nach Friedrich Haas, einem bekannten Schweizer Orgelbaumeister des 19. Jahrhunderts. (Nach Töpfer – Allihn: «Lehrbuch der Orgelbaukunst», Weimar 1888, Tafel 27.)*

Die heutigen Motoren und Ventilatoren sind sehr leistungsfähig, geräuscharm und verhältnismässig klein. Sie werden daher meist im Fuss der Orgel selbst eingebaut. Die grossen Balganlagen in Turmkammern oder auf Dachböden werden daher überflüssig. Kleine Regulierbälge direkt unter den Windladen (sog. «Schwimmerbälge») drosseln den Motorenwind auf den gewünschten Druck des Spielwindes und gleichen die Schwankungen beim Verbrauch aus. Wie auf anderem Gebiet bei der Töpferschen Normalmensur, so hat man aber jüngst auch hier gemerkt, dass ein zu perfektionistischer Windausgleich zu starrer und kalter Klanggebung führt. Eine etwas «atmende» Windversorgung ist menschlicher und wärmer, doch darf man deshalb nicht aus etwaigen Mängeln Tugenden machen wollen.

Das Windverteilungssystem und seine Schaltvorrichtungen

Zum Windverteilungssystem einer Orgel gehören fünf Begriffe, welche unabhängig von den verschiedenen «Systemen» sind und deshalb stets zu einer Orgel gehören. Die *Windlade* ist der in der Regel hölzerne Körper, auf welchem die einzelnen Pfeifen stehen und aus welchem ihnen beim Spielen der Wind zuströmt. Die *Windkanäle* sind die ebenfalls meist hölzernen Leitungen, welche den Wind vom Gebläse und der Balganlage weg zu den einzelnen Windladen einer Orgel führen. Der allgemein vertraute Begriff *Klaviatur* stammt von «clavis», dem lateinischen Wort für «Schlüssel», ab. Im mittelalterlichen Scholastenlatein hiess die Taste «clavis», die Windlade hingegen «secretum»: mit der Taste wird ein bestimmter Teil der Windlade aufgeschlossen, damit der gewünschte Ton erklingen kann. Die Claviatura ist somit die Tastenreihe. Die sichtbaren Tasten, auf welchen der Organist spielt, sind indessen nur die vordersten Elemente eines ganzen Systems, das die Spielbewegungen auf die Ventile überträgt, welche ihrerseits den Wind in die Pfeifen strömen lassen. Dieses ganze Verbindungssystem heisst *Traktur* (organa tractare = die Orgel «behandeln», d.h. spielen). Das vorderste Glied der Traktur ist also die Taste, das hinterste das Tonventil. Die *Registratur* endlich ist die Einschaltvorrichtung für die gewünschte Klangfarbe beziehungsweise der hierzu notwendigen Register, wobei man unter einem Register eine Pfeifenreihe gleicher Bauart und in sich einheitlicher Klangfarbe versteht. Die ältere antike Orgel (nach Heron) sowie die früh- und hochmittelalterliche westliche Kirchenorgel kannten keine Registratur, wohl aber der entwickeltere antike Typ (nach Vitruv) und die neuere Orgel seit dem Spätmittelalter. Während die Windlade,

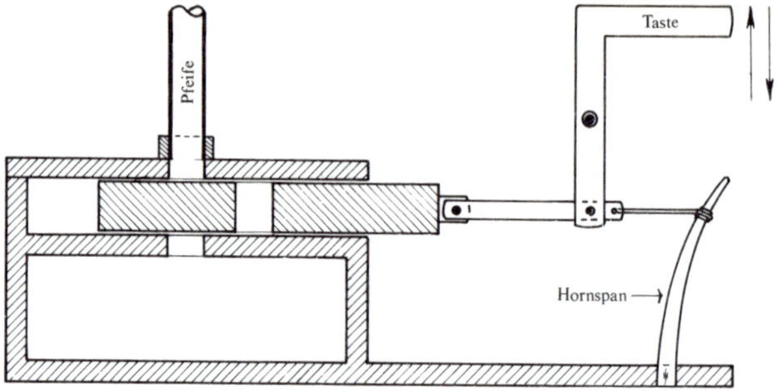

43 *Schnitt durch das Windladen- und Traktursystem nach Heron. Als Rückstelleinrichtung wirkt ein Hornspan.*

die Traktur und die Klaviatur unabdingbar zu einer Orgel gehören, trifft dies also für die Registratur nicht zu. Bei der nun folgenden kurzen Betrachtung im einzelnen müssen wir uns wiederum auf die wichtigsten Punkte beschränken.

Die Traktur der antiken Orgel. Heron beschreibt und skizziert uns die Traktur des Prototypes von Ktesibios mit grosser Klarheit (43). Die Taste besteht aus einem hölzernen oder metallenen Winkel; der waagrechte Arm wird am äussern Ende beim Spielen niedergedrückt, der Drehpunkt liegt in der Mitte des senkrechten Armes. Das untere Ende des senkrechten Armes ist mit der *Tonschleife* verbunden, einer gelochten länglichen Metallplatte. Drückt man die Taste hinunter, so wird diese Tonschleife hineingestossen, bis die Löcher von Windkasten, Tonschleife und Pfeifenfuss genau übereinanderliegen: der Ton erklingt. Lässt man die Taste los, so schnellt das ganze System von Taste und Tonschleife in die Ausgangslage zurück, weil es mittels einer Sehne mit einem federnden, gebogenen Hornspan verbunden ist. Beim ausgereiften Instrument, wie es uns Vitruv beschreibt, liegt dasselbe Grundprinzip vor, jedoch mit zwei bemerkenswerten Änderungen. Erstens ist die etwas bastlerhafte «Rückstelleinrichtung» des Ktesibios wesentlich verbessert: anstelle der Sehnen und Hornspäne greifen nun metallene Federzungen direkt in das Verbindungselement zwischen Tastenwinkel und Tonschleife ein. Zweitens wird die Tonschleife durch Verlängerung und Vermehren der Löcher für mehr als ein Register brauchbar; vier

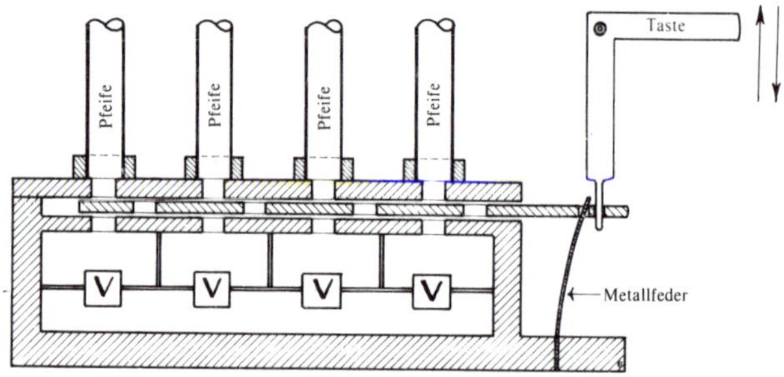

44 *Schnitt durch das Windladen- und Traktursystem nach Vitruv. Der Hornspan für die Rückstellung ist durch eine Metallfeder ersetzt. Der Wind wird durch Öffnen der Ventile V in die einzelnen gewünschten Registerkanzellen eingelassen. Von dort strömt er durch die Löcher der eingestossenen Tonschleife in die Pfeifenfüsse.*

Löchern einer Tonschleife entspricht ein vierregistriges Instrument (44).

Die Tasten der antiken Orgel – die waagrechten Arme der Winkel – sind alle gleich; die Teilung in Ober- und Untertasten stammt erst aus dem Spätmittelalter. Sie liegen daher alle in *einer* Ebene, jedoch nicht dicht gedrängt, sondern mit beachtlichen Zwischenräumen von Taste zu Taste. Jede Taste liegt genau vor der

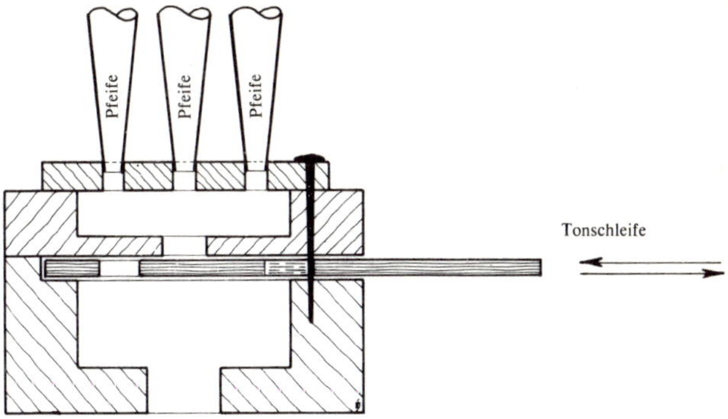

45 *Schnitt durch die hölzerne Windlade nach Theophil (11. Jahrhundert). Die Rückstelleinrichtung fehlt: die Tonschleife muss von Hand herausgezogen und zurückgestossen werden. Ein Metallnagel begrenzt den Gleitweg der Tonschleife.*

entsprechenden Pfeife, oder, in der Fachsprache ausgedrückt: die Tastenteilung entspricht genau der Pfeifenteilung. Es ist klar, dass damit der Umfang der Instrumente auf ein oder zwei Oktaven beschränkt ist, sonst wären die Tasten nicht mehr von einem zentralen Standort aus erreichbar. Trotzdem war dank der automatischen Rückstellung ein virtuoses Spiel mit schnellen Läufen usw. möglich. – Von den byzantinischen Palastorgeln besitzen wir keine technischen Beschreibungen. Es ist aber anzunehmen, dass sie über Jahrhunderte hinweg immer dieses gleiche Trakturprinzip beibehielten.

Die Traktur der frühmittelalterlichen Orgel. Die ersten Jahrhunderte der abendländischen Orgel werden durch einen technischen Rückschritt in der Trakturanlage gekennzeichnet, nämlich durch den Verlust der automatischen Rückstellung. Für die zeitliche Einordnung dieses Verlustes bestehen zwei Möglichkeiten. Die unwahrscheinlichere besteht darin, dass sich der Rückschritt – degenerativ bedingt – bereits frühzeitig in Konstantinopel anbahnte. Viel wahrscheinlicher ist aber, dass die Orgel Pippins noch in der alten Tradition erbaut war, dass aber Priester Georg in seiner Orgelbauausbildung nicht alle «Feinheiten» mitbekommen und mit seiner für Ludwig den Frommen erbauten Orgel diesen entscheidenden Wandel bereits vollzogen hat. Dabei darf nicht verkannt werden, dass diese Änderung auch eine grosse technische Vereinfachung bedeutete und eine Verminderung von Störungsquellen mit sich brachte. Die winkelförmigen Tasten mit einer Drehachse sowie die Rückstellfedern fallen weg. Die Tonschleifen, nun meist aus Holz, werden über die Windlade hinaus verlängert und mit Griffen versehen: dies sind jetzt die «Tasten», auf welchen meist auch die Tonbuchstaben aufgezeichnet sind. Zum Spielen genügt nun nicht mehr der Druck mit einem Finger auf die Taste und das Loslassen, sondern die ganze Hand muss den Griff fassen und – jetzt in umgekehrter Reihenfolge – die Tonschleife herausziehen und nachher wieder hineinstossen. Virtuoses, vor allem schnelles Spiel ist hiermit ausgeschlossen, die Melodie kann nur noch in «Pfundnoten» weiterschreiten (19, 45, 47).
Nach wie vor liegen die Tonschleifen direkt unter den Pfeifen, das heisst, die «Klaviatur» liegt nicht gerafft in der Mitte des Instrumentes, sondern liegt der Pfeifenaufstellung folgend über die ganze Vorderseite der Orgel zerstreut (10). Bei grossen Orgeln, wie dem unter Bischof Elphegus um 950 erbauten Instrument von Wincester, waren deshalb zwei Organisten nötig, wobei einer die linke Hälfte, der andere die rechte Hälfte bediente. Wincester besass zum Beispiel 40 Tonschleifen (zu 10 Löchern, total 400 Pfeifen), jeder Organist hatte deren 20 zu bedienen. Nicht umsonst betont der Mönch Wulstan (gest. 963) in seinem Lobgedicht, die beiden Spieler müssten «einträchtigen Herzens» sein! Auch bei der Orgel im berühmten «Utrechter Psalter»

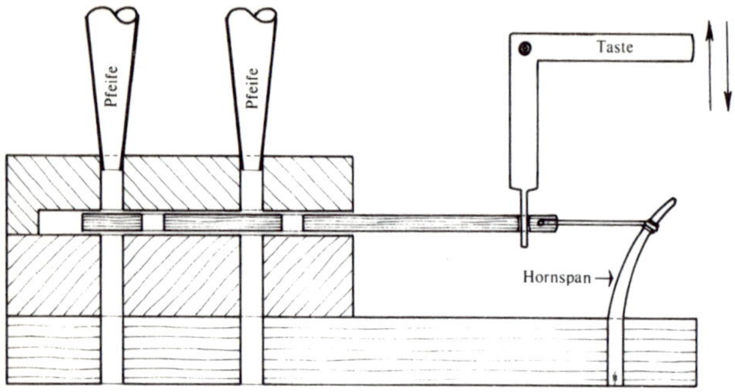

46 *Schnitt durch die Windlade des Anonymus von Bern (11. Jahrhundert). Die Rückstelleinrichtung mittels Hornspan beruht auf dem Prinzip Herons.*

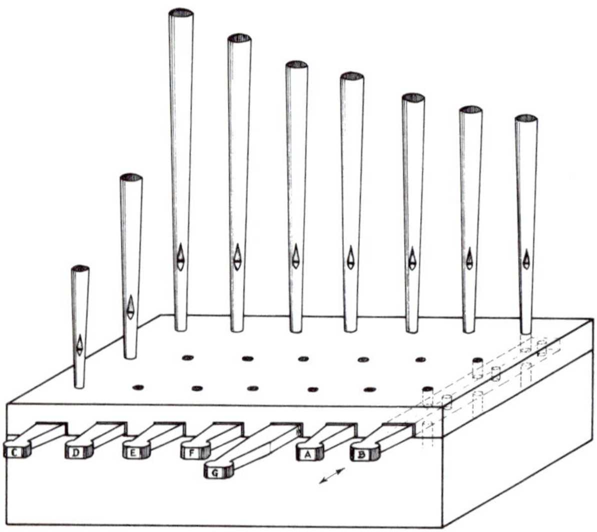

47 *Stereometrische Darstellung einer hochmittelalterlichen Tonschleifenlade. Die Tasten (Tonschleifen) werden in der Horizontalen bewegt.*

aus dem 9. oder 10. Jahrhundert wirken zwei Organisten Seite an Seite (18). Im Normalfall waren aber die Instrumente so klein, dass ein einzelner Mann genügte, das heisst, die Orgelbreite überschritt kaum 1½–2 Meter (19).

Mönch Theophilus beschreibt in der ersten Hälfte des 11. Jahrhunderts eine hölzerne und eine metallene Windlade. Beide weisen noch immer diese Tonschleifen mit den herausragenden Enden und den Tonbezeichnungen auf. Der ebenfalls im 11. Jahrhundert schreibende Anonymus von Bern aber kannte vermutlich die Schriften Herons, denn er beschreibt eine ganz analoge Trakturanlage mit winkelförmigen Tasten und einer automatischen Rückstelleinrichtung mittels Hornspänen. Nach den Abbildungen mittelalterlicher Instrumente zu schliessen, war aber diese entschieden «bessere» Konstruktion wenig verbreitet, man begnügte sich meist mit den einfachen Tonschleifenschiebern.

Von dieser offensichtlich jahrhundertelangen Spielpraxis her dürfte auch der missverstandene Ausdruck stammen, man habe früher die Orgeln «mit den Fäusten schlagen» müssen. Man brauchte wohl eine ganze Hand, um einen einzigen Ton hervorzubringen, aber nicht wegen der *Härte* der Traktur – wie das etwa behauptet wird –, sondern wegen ihrer grundsätzlichen *Anlage* mit diesen handbreiten und auseinanderliegenden «Tasten». Selbst das Wort «schlagen» ist missverständlich. Nähme man den Ausdruck wörtlich, müsste es sich doch eher um eine senkrechte Bewegung handeln. Die Tonschleifen werden aber in der Waagrechten bewegt, auch wenn dies bei Abbildungen infolge perspektivischer Zeichenfehler nicht der Fall zu sein scheint (19). Schlagen bedeutet im Mittelalter das gleiche wie Spielen: es gibt Instrumente, die man bläst (wie etwa die Flöte, die Schalmei, die Trompete), und solche, die man schlägt (wie etwa die Harfe, das Glokkenspiel, die Orgel).

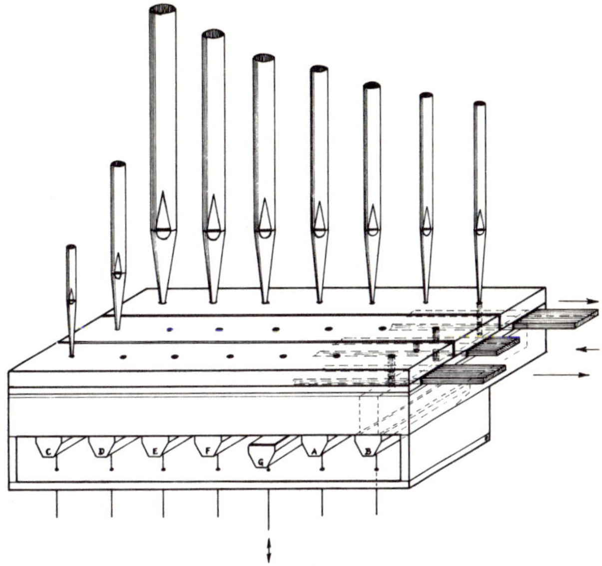

48 *Stereometrische Darstellung der neueren Schleifwindlade. Die Registerschleifen bewegen sich in der Waagrechten, die mittels Wellenbrett mit den Tasten verbundenen Tonventile dagegen in der Senkrechten.*

Die Traktur der spätmittelalterlichen Orgel. Während es bis jetzt wenig sinnvoll war, Klaviatur und Traktur säuberlich auseinanderzuhalten, beginnt im Spätmittelalter ein entscheidendes neues Kapitel: die «künstliche» Konzentration der Tasten zu einer Klaviatur, wobei das Wellenbrett die Übertragung der «Tastenteilung» auf die «Pfeifenteilung» oder «Windladenteilung» zu übernehmen hat (21). Wohl gleichzeitig verschwanden die etwa 1500 Jahre lang in Gebrauch gewesenen gelochten Tonschleifen, welche nun durch die Tonventile ersetzt wurden (aber als Registerschleifen sofort wieder Verwendung fanden). Erst jetzt beginnt die noch heute übliche Dreiteilung in Taste–Traktur–Ventil. Als Tasten dienen ein- oder zweiarmige Hebel. Die Spielbewegung erfolgt nicht mehr in der Waagrechten, sondern in der Senkrechten, wobei die unter den Ventilen angebrachten Metallfedern die automatische «Rückstellvorrichtung» für das Heben der Tasten bei deren Loslassen darstellen. Erst diese «Neuentdeckung» der automatischen Rückstellung gestattete nun wieder ein virtuoses, schnelles Passagenspiel wie bei der antiken Orgel.

Die verschiedenen Traktursysteme der neueren Orgeln. Die beiden Endelemente der Traktur sind in gewissem Sinn stets «mechanisch»: die *Taste*, ein mechanischer, heute meist zweiarmiger Hebel, und das *Pfeifenventil*, das sich öffnen und schliessen muss, um den Wind für die Pfeife freizugeben und abzusperren. Das Übertragungssystem zwischen diesen beiden Endteilen, die Traktur in engerem Sinne, kennt heute drei Formen, die rein oder gemischt auftreten können. Die *mechanische Traktur*, welche heute zumindest für kleinere Instrumente wieder vorwiegend gebaut wird, arbeitet nach den mechanischen Hebelgesetzen und kennt genau dieselben Elemente wie die Traktur vom Spätmittelalter bis ins 19. Jahrhundert hinein: Taste–Wellenbrett–Ventil, mit den notwendigen Verbindungsstücken (Winkel, Wippen, Abstrakten). *Die pneumatische Traktur* ersetzte das mechanische Übertragungssystem durch ein Druckluftsystem in dünnen Metalleitungen («Röhrenpneumatik»). Dieses System wurde in den letzten zwanzig Jahren des 19. Jahrhunderts entwickelt, wurde nach der Jahrhundertwende allgemein herrschend und bis in die dreissiger Jahre hinein angewandt. Da zwischen dem Niederdrücken der Tasten und dem effektiven Toneinsatz eine erhebliche Verzögerung besteht, welche zudem noch innerhalb des gleichen Instrumentes je nach Distanz Taste–Pfeifenventil schwankt, wird dieses System heute nicht mehr gebaut. Die *elektrische Traktur* verwendet für die Übertragung elektrischen

Strom. Die Taste wird dabei zum Schalter, und die Distanz Taste–Pfeifenventil spielt keinerlei Rolle mehr. Oft wird unter der Windlade noch ein pneumatisches Element vorgelegt, doch sind auch rein elektrische Systeme bekannt, bei welchen die Anker der Magnetspulen entweder als mechanische Hebel die Tonventile öffnen oder selbst direkt als Tonventile wirken.
Wie jedes Ding auf Erden haben die verschiedenen Systeme ihre Vor- und Nachteile. Heute wird jedoch mehrheitlich anerkannt, dass sich das Wiederaufgreifen der rein mechanischen Traktur bewährt.

Die Registratur und der Windladenbau. Sobald nicht nur wahlweise verschiedene Töne, sondern auch wahlweise verschiedene Register erklingen sollen, ist ein *doppelter Windverschluss* der einzelnen Pfeife erforderlich. Der eine Verschluss gibt den Wind frei für ein ganzes Register (Registerventil), der andere für alle Pfeifen einer Taste (Tonventil). Je nach der Staffelung der beiden Windverschlüsse spricht man von Tonkanzellenwindladen oder Registerkanzellenwindladen. Beim Tonkanzellensystem (Schleiflade und Springlade) geht der Weg des Windes vom Tonventil über das Registerventil zur Pfeife, beim Registerkanzellensystem dagegen vom Registerventil über das Tonventil zur Pfeife.
Die heute verbreitetste Windlade ist die *Schleiflade*, wie sie etwa seit 1500 bis gegen 1850 im Gebrauch war und ab 1930 nach der Preisgabe der pneumatischen Traktur wieder eingeführt wurde. Sie arbeitet wie die antike Windlade mit gelochten «Schleifen», durchbohrte Metall-, Holz- oder Kunststofflatten, welche mittels Verschieben («Schleifen») die Windleitungen zu den Pfeifen öffnen oder unterbrechen. Während die antike Orgel jedoch mit Registerkanzelle und Tonschleife arbeitete, weist die Schleiflade Tonkanzellen und Registerschleifen auf. Die neueren Traktursysteme bedingten natürlich auch neue Windladensysteme. Für diese Typen (Kegellade, Taschenlade, Membranenlade, Kastenlade usw.) verweise ich auf die zahlreiche Spezialliteratur. Es bleibt noch zu erwähnen, dass die nicht registrierbare Blockwerklade des Mittelalters natürlicherweise eine reine Tonkanzellenlade mit einem einfachen Windverschluss (Tonventil) war.

Die Nebenelemente

Das Gehäuse

Unter Gehäuse versteht man die meist hölzernen, kastenähnlichen Umkleidungen, welche viele Orgeln ringsum mit Ausnahme der vorderen Pfeifenfront einschliessen. Diese Gehäuse waren – wie bereits erwähnt – eine Neuerung des Spätmittelalters. Die antiken und frühmittelalterlichen Instrumente waren gehäuselos: das Pfeifenwerk stand offen auf der Windlade. Die zeltartigen Staubhauben, welche in Frankreich bis gegen Ende des 14. Jahrhunderts nachzuweisen sind und welche vor dem Spielen mittels Seilzug abgehoben werden mussten, zeigen deutlich, dass man dem Gehäuse ursprünglich reine Schutzfunktionen zudachte. Durch eine gediegene Ausgestaltung des Gehäuses wurde die Orgel aber bald zu einem künstlerischen Ausstattungsgegenstand der Kirche, der oft bewusst als Gegenstück zum gotischen Schnitzaltar empfunden wurde. Die Anwendung der stets gleichbleibenden Grundsätze der gotischen Bauhüttengeometrie auf verschiedene Grössenkategorien und Materialien ergab bisweilen eine grossartige Einheit: die gleichen Formen finden wir in Steinmetzarbeit am Kirchengebäude selbst, an Kanzel und Taufstein, in Tischlerarbeit am Altar und an der Orgel und in Goldschmiedearbeit an Reliquiaren und Kelchen.

Mit dem Verschwinden des Werkaufbauprinzipes lokkerte sich auch der obligate Gehäusebau. Vor allem wurden die Orgelwerke in der Tiefendimension zu umfangreich, so dass ein ringsum geschlossenes Gehäuse die Tonausbreitung behinderte. Im späteren 19. Jahrhundert verblieb zunächst noch die vordere Gehäusefront als blosse Umrahmung der Prospektpfeifen. Schliesslich wurden nur noch die Sockelzonen mit den Blasbälgen und sonstigen technischen Einrichtungen verkleidet (31), das Pfeifenwerk stand wieder offen und frei auf den Windladen wie in den ersten fünfzehnhundert Jahren der Orgelgeschichte. Mit dem Wiederaufgreifen der Werkaufbauidee wurde der geschlossene Gehäusebau wieder möglich. Von dieser Möglichkeit wurde allerdings zunächst nur zaghaft Gebrauch gemacht: es gibt zahlreiche Orgeln der dreissiger und der vierziger Jahre, bei welchen Werkaufbau und Freiprospekt miteinander kombiniert sind, wohl im Sinne der «modernen Sachlichkeit» und des Aufzeigens der «inneren Konstruktion», der gängigen Schlagworte der damaligen Architektur. Heute wird das geschlossene Werkgehäuse von den meisten Orgelbauern wieder gepflegt, wobei zur Begründung akustische Belange herangezogen werden, insbesondere gewisse «Resonanztheorien». Die wenigsten der dabei aufgestellten Behauptungen sind hieb- und stichfest. Für die Verschmelzung des Klanges sowie dessen *Richtung* und *Abstrahlung* (vor allem durch die Gehäuserückwand) in den Raum hinaus sind indessen ernsthafte Gründe anzuführen. Wichtiger als diese akustischen Begründungen scheinen mir die in der Gehäusefrage viel seltener ins Feld geführten psychologischen Aspekte zu sein. Der Gehäusebau zwingt zu einer gestalterischen Raffung. Die Orgel wirkt kompakter, geformter und deshalb «instrumentenhafter» als eine offene, scheinbar willkürliche Pfeifenaufreihung. Diese Betonung des «Instrumentenhaften» der werkmässig angelegten Gehäuseorgel gegenüber einer zu stark technisierten «Musikmaschine» scheint mir zwar von unterschwelliger, aber gerade deshalb ausschlaggebender Bedeutung zu sein.

Der Prospekt

Unter Prospekt oder Schauseite einer Orgel versteht man die dem Betrachter zugewandte Vorderfront des Instrumentes mit der vordersten Pfeifenreihe. Es lag von jeher auf der Hand, die vordersten Pfeifen einer

Orgel besonders sorgfältig und schön zu formen. Schon bei den Palastorgeln in Byzanz waren diese Pfeifen vergoldet und versilbert, wenn nicht ganz aus Edelmetall verfertigt. Die eigentliche Prospektpflege hängt aber geschichtlich eng mit dem Gehäusebau zusammen, denn nur wenn das übrige Pfeifenwerk unsichtbar im Gehäusekasten verborgen bleibt, ist eine besondere Pflege der vordersten sichtbaren Pfeifenreihe wirklich sinnvoll. Als Prospektregister diente stets die Vox principalis, das grösste zylindrische offene Register jedes Werkes. Da die Länge der Pfeifenfüsse keinen Einfluss auf die Tonhöhe hat, ist man hierin innerhalb gewisser Grenzen frei. Mit besonderen Labienformen sowie durch Ziselieren und Treiben von Mittelpfeifen wurden vielfach reich verzierte Prospekte gebaut. Schon früh – beileibe nicht erst im 19. Jahrhundert – wurden zugunsten des äusseren optischen Bildes gewisse klangliche und technische Ungereimtheiten in Kauf genommen, wie etwa stumme («blinde») Pfeifen (35), übernatürliche Körperlängen («Überlängen») oder einzelne zusätzliche, fremden Registern ausgeborgte Pfeifen. Auch symmetrische Prospekte vor chromatisch angelegten Windladen sind bei Rückpositiven des 17. und des 18. Jahrhunderts häufig anzutreffen. Freilich erreichte das Auseinanderklaffen von Prospekt und innerem Orgelaufbau um die letzte Jahrhundertwende seinen Höhepunkt, so dass die heutige gegenläufige Tendenz verständlich ist. Der gegenwärtige Puritanismus in der Prospektgestaltung kann sich aber, obwohl dies recht oft geschieht, zumindest nicht guten Gewissens auf die barocken Orgelbauer berufen.

Der Schwellkasten

Dass der Orgelklang an sich starr und dynamisch nicht beeinflussbar ist, wurde seit dem frühen 18. Jahrhundert, vor allem aber seit dem Entstehen des modernen Orchesters, gelegentlich als Mangel empfunden. Der Grundgedanke des Schwellkastens bestand nun darin, die offene Frontseite eines «Werkes» (das ja ohnehin in einem sonst ringsum geschlossenen Gehäuse stand) mit beweglichen Jalousien zu schliessen. Mittels Fusstritt konnte nun diese Wand beliebig geöffnet und geschlossen werden. Damit war in begrenztem Masse ein Crescendo und Decrescendo auf der Orgel möglich geworden. Die spanische Orgel kannte derartige Schwellwerke schon anfangs des 18. Jahrhunderts. Die französische Schule des 19. Jahrhunderts unter ihrem hervorragendsten Meister Cavaillé-Coll liess sich hierdurch anregen und wurde zur Wegbereiterin des grossen romantischen Schwellwerkes. Auch im gehäuselosen Orgelbau um 1900 musste das Schwellwerk naturgemäss von einem ringsum geschlossenen hölzernen Kasten, dem «Schwellkasten», umgeben bleiben. Es entbehrt nicht einer gewissen Ironie, dass das «Schwell*werk*» nicht nur dem Namen nach, sondern auch hinsichtlich Gehäuse dem barocken Werkaufbau verhaftet bleiben musste, obwohl es zum romantischsten «Manual» der grossen «Konzertorgel» geworden war.

Zweierlei Funktionen des Schwellkastens sind genau zu unterscheiden. Die eine historisch im Vordergrund stehende Idee ist jene des kontinuierlichen Crescendierens. Zur sinnvollen Wiedergabe der hiezu gedachten

Musik bedarf es eines *grossen* Schwellwerkes mit entsprechender Disposition. Die zweite Funktion des Schwellkastens ist diejenige des grundsätzlichen Dosierens der Lautstärke für Begleitaufgaben, ohne beabsichtigte Crescendowirkung im Verlaufe der Stücke. Dieser Funktion können auch *kleine* Schwellwerke gerecht werden. Während diese kleinen Schwellwerke dem zeitgenössischen Orgelbau mit seinem erneuten Werkaufbau- und Gehäuseprinzip keine Mühen bereiten, verursachen die grossen Schwellwerke (in der Grössenordnung der Hauptwerke) oftmals arge gestalterische Probleme.

Die Spielhilfen

Unter Spielhilfen versteht man alle zusätzlichen Schaltvorrichtungen für den Organisten, welche über die Tasten einerseits und die einfachen Registerzüge andererseits hinausgehen. Es gibt ihrer so viele, dass wir uns hier auf Grundsätzliches beschränken müssen.
Die Spielhilfen, welche bezüglich Traktur wirksam sind, nennt man *Kopplungen* oder *Koppeln*. Durch die Koppeln wird ermöglicht, die Register eines « Werkes » auf einer andern als der jenem Werk zugeordneten Klaviatur zu spielen. Auf der Hauptwerksklaviatur können also beispielsweise auch die Register des Rückpositives gespielt werden, wenn die Kopplung Rückpositiv–Hauptwerk eingeschaltet ist. Die allenfalls gezogenen Register des Hauptwerkes selbst erklingen dabei allerdings auch. Die Normalkoppeln zerfallen in Manual- und Pedalkoppeln. Wenn letztere eingeschaltet sind, erklingen die entsprechenden Manualregister auch beim Pedalspiel. Die Superoktav- und Suboktavkoppeln verbinden die zwei entsprechenden Werke nicht normal in Äquallage, sondern um eine Oktave nach oben oder unten versetzt. Die Melodiekoppel koppelt nur den höchsten Ton eines Akkordes, die Harmoniekoppel dagegen nur den tiefsten Basston eines Akkordes. Für alle Normalkoppeln gilt die Wirkungsweise « von oben nach unten »: die oberen Manualklaviere werden nach unten an das Hauptklavier gekoppelt (resp. die Nebenwerke an das Hauptwerk), ebenso nach unten an das Pedalwerk. Nur die « Umkehrkoppeln » wirken « von unten nach oben ».
Die *Balanciertritte* dienen der Betätigung von Schwellkasten und Registercrescendo. Für letzteres war bisweilen auch eine mit dem Fuss zu betätigende Rolle oder Walze in Gebrauch, weshalb man etwa auch vom *Jalousieschweller* einerseits und vom *Rollschweller* andererseits spricht.
Die meisten Spielhilfen beziehen sich indessen auf die Registratur. Eine Gruppe betrifft gewisse *Vorwahlmöglichkeiten* für ganze Registrierungen. Man unterscheidet « feste Kombinationen », bei welchen stets die gleichbleibende, fixierte Auswahl von gewissen Registern eingeschaltet wird, die « freien Kombinationen », deren Registerauswahl vom Organisten selbst jedesmal neu festgelegt werden kann, und die « Setzerkombination », welche eine Speicherung einer Anzahl frei zusammengestellter Kombinationen und ihren beliebigen Abruf ermöglichen. *Einführungstritte* oder *Absteller* (je nach

Wirkungsrichtung) wirken auf einzelne ausgewählte Register oder ganze Registergruppen, vorzugsweise Mixturen und Zungen.
Viele dieser Spielhilfen sind nur bei pneumatischer oder elektrischer Traktur beziehungsweise Registratur möglich. Die Normalkoppeln und gewisse Sammelzüge für Register sind aber durchaus auch beim mechanischen System möglich, neuerdings sogar auch freie Kombinationen und ähnliche Vorwahlsysteme bei nicht allzu grossen Instrumenten. Der Streit über die Zweckmässigkeit und Wünschbarkeit vieler Spielhilfen schlägt bisweilen hohe Wellen. Fest steht zweifellos, dass die barocke und vorbarocke Orgelmusik nicht mit diesen späteren Neuentwicklungen rechnet, dass sie somit ohne diese Hilfsmittel (mit Ausnahme der schon damals bekannten Normalkoppeln) einwandfrei wiedergegeben werden kann. Das Umgekehrte gilt freilich auch für die spätromantische Konzertliteratur. Kircheninstrumente, welche schon hinsichtlich Grössenordnung für die Wiedergabe solcher Musik ungeeignet sind, können deshalb füglich mit einem Mindestmass an Spielhilfen auskommen und daher im rein mechanischen System erbaut werden.

Orgelmusik und Orgelspiel

Orgelbau, Orgelmusik und Orgelspiel stehen naturgemäss in sehr engen Wechselbeziehungen und können nicht säuberlich voneinander getrennt werden. Andererseits steht die Orgelmusik aber auch in engem Zusammenhang mit der sonstigen Musikkultur und Musiktheorie einer Epoche. Wenn wir nun in grossen Zügen diesen Fragen nachgehen, haben wir uns der Gefahr grober Vereinfachungen bewusst zu sein, einer Gefahr, der knapp zusammenfassende Übersichten immer ausgesetzt sind.

Das Orgelspiel in der griechisch-römischen Antike

Leider sind wir ja über die musikalischen Belange der antiken Orgel viel weniger orientiert als über ihre technischen Einzelheiten. Immerhin überliefert uns der Grammatiker Athenaios in seinem «Gastmahl der Gelehrten», der erste Organist der Welt sei eine Frau gewesen, nämlich Thaïs, die Gattin von Ktesibios. Auch später finden wir recht häufig Frauennamen. Ein in Aquincum (Ungarn) ausgegrabener Grabstein bezeugt, dass eine Aelia Sabina öffentliche Orgelkonzerte gegeben hat. Ihr Gatte T. Aelius Justus selbst war bezahlter Orgelspieler (hydraularius) bei der 2. Legion Adjutrix des römischen Heeres, also Mitglied einer offenbar fest zugeteilten Unterhaltungstruppe der damaligen Besatzungsmacht. Auch andere Grabinschriften nennen Frauen als Orgelspielerinnen, doch kennen wir auch Männer, welche als Orgelvirtuosen hervortraten, wie etwa Antipatros, den 1. Preisträger der Musikwettspiele von Delphi im Jahre 90 v. Chr.

Von antiker Musik sind uns nur wenige Takte überliefert. Hingegen sind wir über die Musiktheorie und über die Musikanschauung dank zahlreicher Hinweise recht gut im Bild. In der Regel waren auch im römischen Reich die Lehrer und Musiker stets Griechen. In der Musiktheorie bestanden deshalb praktisch keinerlei Unterschiede, doch in der Auffassung der Musik gingen die Anschauungen der Griechen und Römer auseinander. Für die Griechen war die Musik stets mit ethisch-sittlichen Überlegungen verknüpft. Gewisse «Tonarten» galten als männlich-heroisch, andere als verweichlichend und sittengefährdend. Ihre Musikausübung war daher immer mit moralischen Bedenken belastet. Schon Platon (427–347 v. Chr.) hielt den Klang des Aulos für gefährlich. Diese Anschauung wurde später von den Kirchenvätern auch auf den Hydraulos, die Orgel übertragen. Für die griechischen Denker war die Musik eine Wissenschaft, verwandt etwa mit der Mathematik und der Geometrie. Der Verstand war dabei wichtiger als das Gehör. Nur für das niedrige Volk bedeutete Musik Tanz und Vergnügen.

Bei den Römern liegen die Verhältnisse grundsätzlich anders. Zwar durfte sich zur Zeit Ciceros auch in Rom noch keine Persönlichkeit erlauben, öffentlich zu musizieren. Zur Zeit von Kaiser Tiberius (14–37 n. Chr.) fiel der Konsul C. Norbanus in Ungnade, weil er vor Publikum Trompete geblasen hatte. Aber sehr rasch trat ein Umschwung ein, und die Kaiser gaben selbst das Vorbild: schon Nero (54–68 n.Chr.) sang und spielte Lyra und Orgel in der Öffentlichkeit. In den nun folgenden Jahrhunderten suchten die Römer in der Musik meist nur äusserliche Lustbarkeiten.

Leider sind genaue Hinweise, wann und wo die Hydraulen erklangen, selten. Dass sie an gewissen Höhepunkten der Zirkus- und Gladiatorenspiele einsetzten, beweisen die erhaltenen Abbildungen. Grundsätzlich war die Orgelmusik aber sicher überall dort möglich, wo auch die gewöhnliche Aulosmusik (Aulodie) üblich gewesen war, also auch bei (heidnischen) Kulthandlungen wie Hochzeiten und Beerdigungen, im Theater, bei gewissen Prozessionen und beim Tanz. Ein solches «hochzeitliches» Orgelspiel wird anlässlich der zwangsweisen Verheiratung der heiligen Cäcilia, der um 230 gestorbenen römischen Märtyrerin, geschildert. Während des Orgelspiels betete sie zu Gott, er möge ihr Herz trotz allem unbefleckt erhalten («cantantibus organis Caecilia Domino decantabat...»). Durch ein Missverständnis des Textes wurde später die Caecilia selbst zur Orgelspielerin deklariert und in dieser Eigenschaft seit dem 15. Jahrhundert als Schutzpatronin der Musik verehrt. Als Attribut erhielt sie ausgerechnet die Orgel zugesellt, mit welcher sie in ihrem Leben doch nur in «feindliche» Berührung gekommen war (35)!

Die antike Musiktheorie

Ausgangspunkt der griechisch-römischen Musik war nicht die Oktave mit 12 Halbtönen, sondern das *Tetrachord*, die vier Töne einer reinen Quarte, welche den vier Saiten der Lyra des Hermes entsprochen haben sollen. Die Einteilung dieser Quartintervalle in verschiedene Zwischentöne erfolgte von oben nach unten. Die antiken «Tonleitern» beginnen also oben und steigen stufenweise ab. Man unterschied dreierlei «Tongeschlechter», wobei die Randtöne der Tetrachorde fix waren (reine Quarten), die beiden Mitteltöne aber beweglich und alterationsfähig. Wenn wir den obersten Ton – nicht im Sinne der absoluten Tonhöhe, sondern als relative Tonbezeichnung – mit a annehmen, gilt folgende Einteilung:

Diatonisches Geschlecht:
1 Ton – 1 Ton – $\frac{1}{2}$ Ton, a–g–f–e
Chromatisches Geschlecht:
$1\frac{1}{2}$ Töne – $\frac{1}{2}$ Ton – $\frac{1}{2}$ Ton, a–ges–f–e
Enharmonisches Geschlecht:
2 Töne – $\frac{1}{4}$ Ton – $\frac{1}{4}$ Ton, a–f–fes–e

Ausgehend von diesen Tetrachorden, gab es eine kleinere und eine grössere Tonleiter, welche wir für das diatonische Geschlecht angeben:

Kleine Leiter, eine Oktave + Quarte umfassend, nämlich drei zusammengehängte Tetrachorde + Basiston:

$$\underbrace{d^2\ c^2\ b^1\ \overbrace{a^1}\ g^1\ f^1\ \underbrace{e^1}}\ d^1\ c^1\ h\ a$$

Grosse Leiter, zwei Oktaven umfassend, nämlich vier Tetrachorde + Basiston, wobei die beiden mittleren Tetrachorde nicht verschränkt werden:

$$\underbrace{a^2\ g^2\ f^2\ \overbrace{e^2}\ d^2\ c^2\ h^1}\ \underbrace{a^1\ g^1\ f^1\ \overbrace{e^1}}\ d^1\ c^1\ h\ a$$

Am verbreitetsten war das diatonische Geschlecht, wohl weil es auch am einfachsten war. Das chromatische Geschlecht wurde für besonders expressive Melodiewendungen verwendet. Das komplizierte enharmonische Geschlecht mit den Viertelstönen war besonders im 5. Jahrhundert v. Chr., also lange vor der Erfindung der Orgel, im Schwange. Später wurde es zusehends seltener gebraucht und beinahe nur noch in der Theorie behandelt. Modulationen von Geschlecht zu Geschlecht und Übergänge von der kleinen zur grossen Leiter waren innerhalb des gleichen Musikstückes möglich, ebenso Variationen von etwa zehn verschiedenen rhythmischen Formeln mit unterschiedlichen Lang/Kurz-Kombinationen. Für Gesang und Instrumentalspiel gab es zwei verschiedene Notenschriften mittels Buchstaben des Alphabetes, doch spielten sie nur für den Theoretiker eine Rolle: der praktische Musiker spielte nicht nach Noten. Die Musik war grösstenteils einstimmig. Die Mehrstimmigkeit beschränkte sich vermutlich auf eine einfache Zweistimmigkeit, wobei die Begleitstimme der Melodiestimme mit gewissen Umspielungen folgte (sogenannte Heterophonie) oder aber in Oktaven- und vielleicht Quintenparallelen genau nachahmte.

Der Tonumfang und die Spielart der antiken Orgel

Welche Leitern und Töne besass nun die antike Orgel? Leider wird in den schriftlichen Quellen hierüber gar nichts gesagt. Eine systematische Auswertung der etwa vierzig erhaltenen Abbildungen ergibt folgendes Bild. Die meisten Orgeln umfassten nur zwei oder drei Tetrachorde, deren Randtöne einigermassen fix waren, während die Zwischentöne je nach Instrument variierten. Am häufigsten ist die diatonische Verteilung anzutreffen, etwas seltener die chromatische; die enharmonischen Instrumente scheinen nur ausnahmsweise gebaut worden zu sein. Vermutlich waren schon damals (genau wie heute noch) nie zwei Instrumente genau gleich angelegt, sondern durch verschiedene zusätzliche Zwischentöne für bestimmte «raffinierte» Übergänge differenziert. Die übliche Registerzahl betrug drei oder vier, konnte sich aber nach Vitruv bis auf acht steigern. Es gab rein labiale, rein linguale und gemischte Instrumente. Die ausgegrabene Orgel von Aquincum (9) aus dem Jahre 228 besass 13 Tasten und 4 labiale Register, wovon drei gedeckte und eine offene Reihe. Es handelte sich wahrscheinlich um ein «chromatisches» Instrument in unserem heutigen Sinn mit etwa einer Oktave Umfang, in lauter Halbtöne aufgeteilt. Nochmals zu erwähnen bleibt, dass dank der automatischen Rückstellung der Tasten und Tonschleifen durch die Metallfedern oder Hornspäne eine rasche, ja virtuose Spielart möglich war. Analog zum Gesang mit einstimmiger umspielender Begleitung dürfte das zweistimmige Orgelspiel (mit den beiden Händen) gepflegt worden sein.

Das Orgelspiel im Mittelalter

Über dem Orgelspiel vom 6. bis zum 11. Jahrhundert liegt beinahe noch grösseres Dunkel als über der Hydraulis

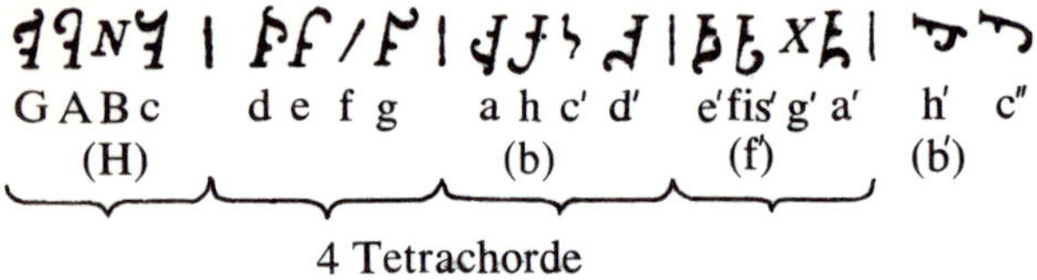

49 *Die früheste mehrstimmige Musik ist in der sogenannten «Dasia-Notation» notiert. Der Tonumfang ist noch in spätantiker Art in Tetrachorde gegliedert. Die Noten werden durch verschiedene Formen eines F-ähnlichen Zeichens dargestellt. Der gebräuchliche Tonumfang reicht von G bis c''. Nach der «musica encheiriadis», Neudruck von Gerbert: «Scriptores ecclesiastici de musica», St. Blasien 1784, S. 153.*

50 *Die frühesten Denkmäler mehrstimmiger Musik stehen im anonymen (früher Hucbald zugeschriebenen) Theoriewerk «musica encheiriadis» aus dem 9. Jahrhundert. Die Vox principalis steht oben, die Vox organalis unten. Die Rhythmik ist nicht bekannt; vermutlich wurde sehr langsam gesungen und gespielt. «Symphonia diapente» (Zusammenklang in der Quinte) nach Gebert: «Scriptores ecclesiastici de musica», St. Blasien 1784, S. 185.*

der klassischen Antike. Die Orgelmusik am Hofe von Byzanz und später in Aachen dürfte ähnliche Funktionen wie in der Antike erfüllt haben. Die Zeremonienbücher Kaiser Konstantins geben hierüber einige Einzelheiten bekannt. Dunkel vor allem ist aber der erste «christliche» Gebrauch. Sicher ist, dass die Orgelmusik im ganzen Mittelalter stets «Ersatz» war für vokale Musik. Sie war also nicht primär instrumental gedacht, sondern durchaus vokal und stützte sich deshalb weitgehend auf den *Choral*, auf die liturgischen Gesänge. Im weiteren war die Orgel zweifellos auch in dieser oder jener Form an der Entwicklung und Ausgestaltung der mehrstimmigen (Kirchen-)Musik beteiligt. Viele dieser Fragen sind aber heute noch nicht restlos geklärt, vieles wird wohl immer Hypothese bleiben.

Die frühesten Zeugnisse zweistimmiger Musik verdanken wir einem anonymen Traktat «musica encheiriadis» aus dem 9. Jahrhundert in einer recht eigenartigen Notation. Der Choralmelodie folgt eine Unterstimme in selbständiger Seiten- und Gegenbewegung sowie in Parallelbewegung im Quart- und Quintabstand. Die grösste Sammlung zweistimmiger Musik der Zeit ist im kurz nach 1000 geschriebenen Tropar von Wincester niedergelegt. Unwillkürlich denken wir dabei an die grosse Doppelorgel von Wincester aus dem Jahre 951. Ob wohl der eine Organist die Oberstimme (Choralmelodie) gespielt haben mag, der andere die Begleitung?

Die mittelalterliche Musiktheorie

An die Stelle der antiken Tetrachordlehre mit vier Tönen tritt nun die Lehre der *Hexachorde*, welche allgemein Guido von Arezzo (um 1000 bis gegen 1050) zugeschrieben wird. Zudem wechselt die Richtung der Betrachtungsweise von Tonleitern endgültig zum noch heute gültigen System von unten nach oben. Die Sechstongruppe der nun mit den sogenannten Solmisationsbuchstaben versehenen Töne ut re mi fa sol la

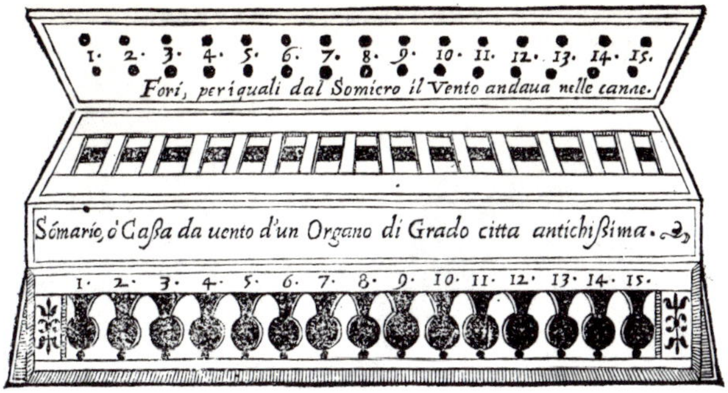

50 *Windlade und Klaviatur einer Orgel von Grado, der 1044 zerstörten Inselstadt im Nordosten Venedigs. Das Werk umfasste 2 Register zu je 15 Tönen. (Nach Zarlino: «Sopplementi musicali», Venedig 1588, S. 291, Universitätsbibliothek Basel.)*

schliesst den Halbtonschritt in der Mitte ein und bildet jetzt das Grundgerüst der Musik:

ut re mi fa sol la
c d e f g a
1 1 ½ 1 1

Dieses Schema der Tonfolge wurde nun von verschiedenen Grundtönen aus angewandt, ursprünglich nur von c und der Oberquinte g aus, später aber auch von der Unterquinte f aus, was den «Doppelton» b/h bedingte. Die drei Haupthexachorde hiessen:

hexachordum naturale (natürlich): c d e f g a
hexachordum durum (hart): g a h c d e
hexadorchum molle (weich): f g a b c d

Zusammengefasst ergab sich die übliche diatonische Tonleiter mit den heutigen «weissen» Tasten und dem «schwarzen» Halbton b: c d e f g a b h c. Sobald man später anfing, die Hexachorde auch von andern Grundtönen als von c, f und g aus zu bilden, wurden entsprechende weitere chromatische «schwarze» Zwischentöne nötig, beispielsweise bei Beginn von d aus das fis: d e fis g a h. So entstand im Verlaufe der Zeit unsere heute übliche chromatische Klaviatur mit zwölf Halbtönen, nämlich den 7 «weissen» Haupttönen c d e f g a h und den 5 «schwarzen» Nebentönen cis dis fis gis b. Der «Normalumfang» der guidonischen Tonleiter erstreckte sich von G (mit dem griechischen Grossbuchstaben Gamma bezeichnet) bis etwa zum zweigestrichenen c:

nach Guido von Arezzo:

naturale naturale
Γ A B C D E F G a b ♮ c d e f g α β γ
durum molle
durum

in heutiger Schreibweise:
G A H c d e f g a b h c^1 d^1 e^1 f^1 g^1 a^1 h^1 c^2

Selbstverständlich konnte innerhalb eines Stückes von einem Hexachord ins andere «moduliert» werden.

Der Tonumfang und die Spielart der mittelalterlichen Orgel

Von der grossen Wincester-Orgel kennen wir wohl die Tastenzahl von 2×20, aber nicht die genaue Tonfolge. Üblicherweise waren aber die Orgeln des Früh- und Hochmittelalters von viel bescheidenerem Umfang. Das Instrument des Mönches Theophil im 11. Jahrhundert umfasste nur eine knappe Oktave mit den sieben Tasten A B C D E F G. Die Orgel von Grado (vor 1044) zählte 15 Tasten (50). Dieselbe Zahl erwähnt der ebenfalls im 11. Jahrhundert schreibende Anonymus von Bern und notiert deren Töne wie folgt: A B C D E F G A B H C D E F G. Die Töne wurden übrigens auf der Taste selbst oder darüber angeschrieben, wie dies auch bei der Illustration in der Bibel von Harding (mit C D E F G A B ♮) zu sehen ist (19).

Noch dieselben Grössenordnungen (und das Anschreiben der Töne) zeigten die Klaviaturen der Domorgel

52 *Tastenform der Diskantklaviaturen der Orgel von Halberstadt 1361. (Nach Prätorius: «De Organographia», Wolfenbüttel 1619, Tafel XXIV.)*

Manual-Clavir in der Alten Orgel im Thumb zu Halberstadt.

von Halberstadt (1361). Die beiden Diskantklaviere (17) haben den Umfang H c cis d dis e f fis g gis a b h c^1, das Bassklavier und das Pedal H c cis d dis e f fis g gis a h. Im 15. Jahrhundert setzte dann eine grosse Umfangsteigerung ein: der Umfang der Orgel auf dem Plan von Arnaut de Zwolle (um 1440) betrug bereits 31 Tasten, in chromatischer Folge von H bis f^2 reichend. Dies entspricht genau dem ursprünglichen Umfang des Manualklavieres der Orgel von Valeria (21, 32). Die Zahl der (nicht einzeln spielbaren) Register war abgesehen von der stets auszuklammernden Wincester-Orgel nur klein. Theophil spricht von drei oder vier Registern, Anonymus von Bern von zweien. Auch die Orgel von Grado zählte nur zwei Register. Später stieg die Zahl auf sechs bis acht Reihen an. Auf das Problem der sogenannten «Vielfachchöre» können wir hier aus Platzgründen leider nicht eintreten.

In der Frage der schweren oder leichten Spielbarkeit mittelalterlicher Orgeln herrscht allgemein die Meinung vor, diese Instrumente seien «sehr schwer zu spielen gewesen, denn man habe sie mit den Fäusten schlagen müssen». Nun, wir wissen ja, dass die Enden der einzelnen Tonschleifen als «Tasten» zur Windlade hinausragten und mit der ganzen Hand herausgezogen und zurückgestossen werden mussten, da eine automatische Rückstellung durch eine Federkraft fehlte. Dies ist freilich ein Spiel mit den Fäusten, aber nicht wegen der Zähigkeit der Traktur, sondern wegen deren grundsätzlicher Anlage. Auch zur Zeit, als das Wellenbrett den Zusammenzug der Tasten zu einer eigentlichen Klaviatur erlaubte, wirkte die traditionelle Spielart noch lange nach. Bei der Halberstädter Domorgel waren die Untertasten noch etwa 7 cm breit und wiesen Zwischenräume von etwa 1 cm Breite auf. Obwohl dies nicht mehr Tasten zum Herausziehen, sondern im neuen Sinne zum Hinunterdrücken waren, schimmert das uralte System der Tonschleifen noch hindurch. Dies beweist auch die äussere Form der Taste, welche noch immer deutlich den Charakter eines «Handgriffes» zeigt und entfernt an die «claves» der Orgel von Grado (vor 1044) erinnert, obwohl sie nicht mehr gezogen, sondern «geschlagen» wurde (52). Mit der Zähigkeit der Traktur, dem sogenannten Tastendruck, hat dies alles direkt nichts zu tun. Während auf der reinen Tonschleifenlade vergleichsweise nur in «Pfundnoten» gespielt werden konnte, erlaubte die neue Tastentraktur, ob nun mit den Fäusten oder einzelnen Fingern gespielt, wiederum ein schnelles Laufwerk und ein virtuoses Spiel.

Das Orgelspiel vom 15. bis zum 18. Jahrhundert

Das 15. Jahrhundert ist nicht nur für den Orgelbau, sondern auch für die Orgelmusik von zentraler Bedeutung. Aus dieser Epoche sind die ersten Orgelspielschulen überliefert, deren berühmtestes, wenn auch nicht ältestes Beispiel das «fundamentum organisandi» von Konrad Paumann (1415–1473) ist. Auch der älteste ausdrückliche Vermerk des Pedalspiels in einem Notentext stammt aus dieser Zeit. Er findet sich in einer «Tabulatur» des Adam Ileborgh aus dem Jahre 1448. Mit *Tabulatur* ist das Stichwort gegeben für eine der wichtigsten Praktiken der Orgelliteratur von Spätmittelalter und Renaissance. Wie schon im Mittelalter, so wurde auch jetzt häufig vokale Musik auf die Orgel übertragen. Während die mehrstimmigen Gesänge in einzelnen «Stimmbüchern» (Sopran, Alt, Tenor, Bass) notiert wurden, musste die Musik für den Organisten nun in ein einziges Notenfeld (tabula) «intabuliert», zusammengestellt werden. Die Tabulatur fixiert die Musik nicht nur mit Noten, sondern vor allem mit Schriftzeichen, Buchstaben oder Zahlen. Die spanischen und italienischen Klaviertabulaturen arbeiten mit Zahlen, indem die Tasten oder Noten von unten nach oben numeriert werden. Die «ältere deutsche Orgeltabulatur» notiert die Oberstimme (discantus) in Noten, die Unterstimme mit den Tonbuchstaben (53). In der «neuen

53 *Unser Beispiel zeigt den ältesten Druck einer älteren deutschen Orgeltabulatur im Theoriewerk «musica getutscht» des Sebastian Virdung, Basel 1511. Es handelt sich um eine vierstimmige Bearbeitung des Responsoriums «O haylige onbeflecte zart iunckfrawschafft marie». Die Übertragung bringt die erste Zeile des Tabulaturdruckes. Man beachte, dass die Oktavbezeichnung ($\underline{c}$, c, $\bar{c}$) jeweils von f bis e reicht, nicht wie heute üblich von c bis h.*

54 *Eine Liedbearbeitung der «Meierin» von Johann Jakob Froberger (1616–1667) ist in neuer deutscher Orgeltabulatur notiert. Wiedergabe und Übertragung reichen bis zum ersten Wiederholungszeichen. Nach dem Manuskript in der ehemaligen K. K. Hofbibliothek; Suite VI.*

deutschen Orgeltabulatur» wird auch die Oberstimme in Buchstaben geschrieben; diese Schreibweise wurde etwa ab 1570 allgemein üblich und teilweise noch von J.S. Bach verwendet (54).

Bei der Übertragung von Vokalmusik in Orgelmusik wurden die Stücke oftmals nicht notengetreu wiedergegeben, sondern frei überarbeitet. Dies geschah meist mit kleinen Verzierungsnoten und Umspielungen, eine Technik, welche man *Kolorieren* und *Diminuieren* nennt (Färbung resp. Verkleinerung der Notenwerte). Diese Technik wurde auch beim freien Improvisieren und beim Schaffen neuer, eigenständiger Orgelmusik angewandt. Seit dem 16. Jahrhundert entwickelten sich mannigfaltigste Formen in der Orgelmusik, mit folgenden Haupttypen:

1. Choralbearbeitungen (gregorianischer und protestantischer Choral).
2. Variationen über festen Bassgerüsten (Ciacona, Passacaglia).
3. Freie improvisatorische Formen (Fantasia, Toccata, Präludium).
4. Kontrapunktisch-imitatorische Formen (Ricercar, Kanzone, Fuge).
5. Übernahme anderer musikalischer Formen (Triosonate, Konzert).

Klavierspiel und Orgelspiel gehen in der Musikliteratur der Zeit oft ineinander über und sind nicht säuberlich zu scheiden. Meist sind die Stücke einfach für ein «Tasteninstrument» geschrieben. Sobald jedoch das Pedalspiel obligat dazutritt, ist der Orgelcharakter natürlich eindeutig erkennbar. Auf einsame Höhe wurde die Orgelkunst schliesslich durch Johann Sebastian Bach (1685–1750) geführt. Zu seinen Lebzeiten war er vor allem als virtuoser Organist bekannt; sein kompositorisches Schaffen wurde dagegen erst seit der zweiten Hälfte des 19. Jahrhunderts voll gewürdigt.

Die Kirchentonarten und der Übergang zum Dur/Moll-System

Während der mittelalterliche «Tonvorrat» in die Sechstongruppen der Hexachorde gegliedert wurde, prägte sich gegen Ende des Mittelalters ein neues Ordnungsprinzip mit dem Umfang einer Oktave aus. Die sogenannten *Kirchentonarten* stellten diatonische Oktavskalen dar, bei welchen die Halbtonschritte je nach Tonart anders gelagert waren. Sie entsprechen den Skalen der «weissen» Tasten, von den verschiedenen Tonstufen ausgehend:

Ionisch	c d e f g a h c
Dorisch	d e f g a h c d
Phrygisch	e f g a h c d e
Lydisch	f g a h c d e f
Mixolydisch	g a h c d e f g
Äolisch	a h c d e f g a

In dieser Form hiessen die Skalen authentische Kirchentonarten. Bei einem Beginn auf der Unterquarte sprach man von der plagalen Kirchentonart mit der Vorsilbe Hypo-, zum Beispiel Dorisch d e f g a h c d, Hypodorisch a h c d e f g a.

Die Unterschiede zwischen Hypodorisch und Äolisch

bestanden lediglich im Schlusston und in gewissen andern Hapttönen (sog. Rezitationstöne), der Tonvorrat war aber der gleiche. Die beiden Kirchentonarten Ionisch und Äolisch waren zunächst verpönt, die erstere als unanständige Tonart (modus laszivus), die letztere als fremdländisch-exotische Tonart (modus peregrinus). Gerade sie aber wurden zukunftweisend, indem die Halbtonstellung des Ionischen unserem heutigen *Dur* entsprach, jene des Äolischen dem reinen *Moll*. Die übrigen Kirchentonarten passten sich schliesslich den ursprünglich verfemten Skalen an durch chromatische Veränderungen ihrer Ganz- und Halbtonstrukturen. Beispielsweise wurde durch Erhöhen von f zu fis das Phrygische zum reinen Moll «abgeschliffen», ebenso das Dorische durch Erniedrigen der grossen dorischen Sexte d–h zu d–b.

Die Entwicklung des Tonumfanges in der Renaissance und im Barock

Um die Mitte des 15. Jahrhunderts scheint der Klaviaturumfang der Orgel mit H–f^2 ziemlich konstant gewesen zu sein. Zunächst gewann die Entwicklung nach der Tiefe hin an Bedeutung, bis schliesslich mit dem Erreichen des Tones C die noch heute gültige untere Grenze der Normalklaviatur erreicht war. Bis ins 18. Jahrhundert hinein waren in dieser tiefsten Oktave der Klaviatur aber mit Ausnahme der seit dem Mittelalter traditionellen Doppelstufe B/H nur die «ganzen» Töne nötig und gebräuchlich, wobei die für die «plagalen» Schlüsse nötigen Tasten im Quartabstand nebeneinander gelegt wurden. Die «kurze Oktave» der Klaviatur zeigte folgende Tastenanordnung:

Obertasten:		D	E	B		cis		dis			fis	
Untertasten:	C	F	G	A	H		c		d	e f		g ...

Die «kurze» Oktave scheint also dem heutigen Betrachter bei E zu beginnen. Im Verlauf des 18. Jahrhunderts wurden dann auch in der tiefen Oktave die chromatischen Zwischentöne eingebaut, zuletzt der Ton Cis.

Die Ausweitung des oberen Klaviaturendes setzte etwas später ein als die Bassentwicklung. Viele Instrumente des 18. Jahrhunderts reichten nur bis c^3, während zum Beispiel die Händelschen Orgelkonzerte bereits mit dem d^3 rechnen. Der heutige Normalumfang zählt vom C bis g^3 56 Tasten. – Die Entwicklung der Pedalklaviatur folgte in analoger Weise. Viele Instrumente begnügten sich mit einer «kurzen» Oktave von C–c mit neun Tasten. Für das obligate Pedalspiel der Barockzeit reichte in der Regel ein Umfang von C–d^1. Einige wenige Stücke Johann Sebastian Bachs rechnen bereits mit dem heutigen Normalumfang von C–f^1 mit 30 Tasten.

Das 19. und das 20. Jahrhundert

Etwa seit 1750 stand die Orgelmusik in geringem Interesse, denn die Entwicklung des modernen Orchesters war ein viel stärkerer Anziehungspunkt. Erst die deutsche Romantik begeisterte sich in schwärmerischer

Art für die «Vergangenheit». Besonders in der Baukunst zeigte sich ein reges Interesse für die Gotik, so dass viele seit dem Mittelalter unvollendete Kathedralen nun zu Ende geführt wurden. Das berühmteste Beispiel dieser Art ist der Kölner Dom. Um 1830 begann Felix Mendelssohn (1809–1847) mit den Wiederaufführungen Bachscher Musik. Mit seinen «Orgelsonaten» schuf er wenig später bleibende Werke für unser Instrument. Eine «symphonische» Haltung prägt vor allem die Werke von César Franck (1822–1890), Charles-Marie Widor (1845–1937) und Max Reger (1873–1916). Diese Musik ist grösstenteils nicht mehr für den Gottesdienst gedacht, sondern für Konzertzwecke. Die neuere zeitgenössische Orgelmusik zeigt verschiedene Züge, wobei wie im übrigen Musikschaffen unserer Tage einige Hauptgruppen zu unterscheiden sind:

- eine avantgardistische Gruppe mit Einbezug der seriellen und aleatorischen Elemente und Kompositionstechniken,
- eine traditionalistische Gruppe mit der Wahrung und Weiterbildung der sogenannten «erweiterten» Tonalität,
- eine vergleichsweise anspruchslose Gruppe der «Gebrauchsmusik», sich gerne am unverwüstlichen Gegeripppe eines alten oder neuen Cantus firmus emporrankend, meistens mit Rückgriffen auf die Kirchentonarten oder die Pentatonik, verbunden mit einigen «gewagten» Modernismen (Tritonus, Quintenparallelen, terzenlose Klänge).

Jedenfalls ist die ererbte Dur/Moll-Tonalität in eine akute Krise geraten und scheint heute keine Aussagekraft mehr zu besitzen. Es ist aber noch keine einheitliche neue Marschrichtung festzustellen, vielmehr ein allseitiges Suchen und Abtasten neuer Möglichkeiten.

Inhaltsverzeichnis

Fotonachweis

Umschlagbild: F. Kägi, Stäfa
17 Service photographique Bibliothèque nationale Paris
18 Rheinisches Landesmuseum, Trier
19 Musée de Carthage, Tunisie
20 Orgelbau E.F. Walcker & Cie, Ludwigsburg
21 Universitätsbibliothek München
22 Bibliothèque nationale, Paris
23 Gerhard Howald, Bern
24 William Reeves, London
41 Universitätsbibliothek, Utrecht
42 Bibliothèque publique, Dijon
43 Service de documentation photographique de la réunion des musées nationaux, Versailles
44 Bibliothèque nationale, Paris
45 F. Barsotti, Firenze
46 V. Schlatter, Zürich
47 F. van den Bichelaer, Geldrop
48 Archives photographiques, Paris
57 Kupferstichkabinett, Basel
58 Historisches Museum, Basel
59 Universitätsbibliothek, Basel
60 Orgelbau Th. Kuhn AG, Männedorf
61 Bovey, Genf
62 Tiede, Hamburg
63 F. Kägi, Stäfa
64 Orgelbau Th. Kuhn AG, Männedorf

Literaturverzeichnis

Jean Perrot: L'orgue de ses origines hellénistiques à la fin du XIIIe siècle, Paris 1965

H. G. Farmer: The Organ of the Ancients from Eastern Sources, London 1931

Dietrich Schuberth: Kaiserliche Liturgie, Göttingen 1968.

Karl Bormann: Die gotische Orgel zu Halberstadt, Berlin 1966

G. Le Cerf und *E.-R. Labande:* Les traités d'Henri – Arnaut de Zwolle et de divers Anonymes, Paris 1932

Maarten A. Vente: Die Brabanter Orgel, Amsterdam 1958

Michael Praetorius: Syntagma musicum, II. Teil «De Organographia», Wolfenbüttel 1619; Faksimileausgabe Kassel 1958

Dom Bedos de Celles: L'art du facteur d'orgues, Paris 1766 ff. Faksimileausgabe Kassel 1963 ff.

Johann Gottlob Töpfer: Lehrbuch der Orgelbaukunst, 1. Auflage Weimar 1855, 2. Auflage bearbeitet von Max Allihn, Weimar 1888

Hans Joachim Moser: Orgelromantik, Ludwigsburg 1961

Hans Hickmann: Das Portativ, Kassel 1936

Rudolf Quoika: Das Positiv in Geschichte und Gegenwart, Kassel 1957

Walter Supper: Die Orgeldisposition, Kassel 1950

Christhard Mahrenholz: Die Orgelregister, Kassel 1930

Gotthold Frotscher: Geschichte des Orgelspiels und der Orgelkomposition, 2. Auflage Berlin 1959